Guia para o
THEATRESPORTS™
de Keith Johnstone

Publicado em 2017 pelo International Theatresports™ Institute (ITI)

215 - 36 Avenue NE, Unit 6 | Calgary, AB | T2E 2L4 | CANADA

Copyright© 2017 ITI

Originalmente produzido com exclusividade para membros do ITI que possuem direitos autorais para apresentações, sem ônus.
Agora também disponível para não-membros

Este guia não substitui direitos autorais para apresentações.
Aqueles que não possuem o direito de apresentar o formato Theatresports™ devem se candidatar através do email:
admin@theatresports.org.

Tradução: Cinara Diniz
Assistência: Yan Vasconcellos
Orientadora: Mariana Lima Muniz
Fundo: FAPEMIG
Apoio financeiro: Improlab - Improvisação e outras Interatividades UFMG

Layout: Dagmar Bauer konzipiert & gestaltet, Stuttgart, Alemanha
Ilustrações por fotolia.com

Foto da capa:
Teatro A Molla - Bologna, Italia
📷 *por Gianluca Zaniboni*

Foto na próxima página:
Loose Moose Theatre - Calgary, Canadá
📷 *por Breanna Kennedy*

CONTEÚDO

8 INTRODUÇÃO
8 Sobre este guia
9 Keith Johnstone
10 Recursos
10 The International Theatresports™ Institute (ITI)

12 THEATRESPORTS™: HISTÓRIA
12 O que é Theatresports™?
12 Origens do Theatresports™
13 A explosão global do Theatresports™
15 O que o Theatresports™ pode alcançar
15 Conteúdo

16 CONCEITOS IMPORTANTES
16 O que você precisa saber antes de começar
16 O espírito da coisa
17 Fracasso
18 Trabalho em grupo
18 Malandragem
19 Habilidades
20 Terminologia

22 VAMOS COMEÇAR
22 Theatresports™ por Stealth
22 O começo rápido
23 O que você precisa para um Theatresports™ básico
23 Um espetáculo de Theatresports™
24 O jogo dos 10 minutos
25 A Improvisação Livre
25 O Jogo Dinamarquês
26 Partida do Desafio Básica
27 Variedade

28 THEATRESPORTS™ EM MAIS DETALHES
28 O desastre é inevitável
28 O começo do espetáculo
29 Apresentador
29 Competição
30 Times
30 Entradas dos times
31 Sentando os times
31 Saindo do palco
32 Juízes
33 Entradas dos juízes
33 Juízes do Inferno
34 A Buzina
37 O Cesto
37 Pontuação e cartões de pontuação
38 Justiça
38 Desafios
41 Prêmios para os ganhadores
41 Conselho do Keith

42 ATENÇÃO AOS DETALHES
42 Cenografia
43 Apontamentos
44 Lista de Jogos

46 PARA TERMINAR
46 Palavras finais
46 Para mais informações

INTRODUÇÃO

SOBRE ESTE GUIA

Esperamos este guia seja um recurso útil para informação e inspiração sobre como jogar Theatresports™.
Ele foi criado para dar assistência aos grupos que estão começando, dar direções àqueles que estão incertos se estão caminhando na direção correta e como um lembrete para os grupos que têm jogado há muito tempo para verificar seu progresso e desenvolvimento.

Aqui você encontrará informações sobre a história do Theatresports™, as habilidades necessárias para jogar, o espírito e a teoria por trás do conceito, bem como informações práticas sobre a estrutura, os componentes e como juntá-los ao apresentar o formato. Durante a leitura, você encontrará frases úteis de Keith Johnstone, sugestões que possam inspirar pontos de discussão em seu grupo e observações interessantes do Theatresports™ para ajudá-lo a jogar o formato com sucesso e de forma agradável.

A maioria do material neste guia de estudos vem diretamente de Keith Johnstone, por meio de suas aulas, newsletters, seus escritos sobre Theatresports™ em seu livro Impro for Storytellers, bem como conversas ao vivo com ele. Materiais adicionais e comentários são dados por improvisadores que têm praticado Theatresports™ por décadas e trabalharam com Keith nos últimos 40 anos. Alguns deles são, ou foram, membros do conselho do International Theatresports™ Institute (ITI)national Theatresports™ Institute (ITI).

Embora existam aqui alguns insights sobre improvisação, este guia foca primordialmente em Theatresports™. Encorajamos você a estudar habilidades de improvisação por meio de aula com professores e outros recursos, e outros recursos, tais como os seguintes materiais de Keith Johnstone:

Livros
IMPRO Improvisation and the Theatre (disponível em muitos idiomas)
IMPRO FOR STORYTELLERS
http://www.keithjohnstone.com/writing/
http://theatresports.com/keiths-books/

DVDs
Impro Transformations
Trance Masks
keithjohnstone.com/video/
theatresports.com/dvds-on-keith/

Workshops
Cursos intensivos de Impro com Keith Johnstone
keithjohnstone.com
The Loose Moose Theatre International Summer School
loosemoose.com
Lista sugerida de professores do ITI
theatresports.com/teachers/
Empresas participantes do ITI (algumas com programas de treinamento)
theatresports.org/our-members/

Vancouver Theatresports - Canadá (por volta de 1982)

> Você sabia? Theatresports™ vem sendo jogado em todos os continentes, exceto a Antártida, e em mais de 60 países!

Aproveite sua jornada no mundo do Theatresports™ e que você também encontre a diversão, a inspiração e todo potencial neste formato, algo que milhares de pessoas ao redor do mundo já encontraram.

ITI – **I**nspirando **T**odos **I**mprovisadores!

> Keith Johnstone
>
> Sendo improvisador, você está se arriscando em busca de um milagre e não tentando ter sucesso o tempo todo.
>
> Não faça seu melhor. Faça as pessoas ficarem "bem na fita" e daí, você ficará "bem na fita".
>
> Erre e permaneça feliz.

KEITH JOHNSTONE

Keith Johnstone nasceu em 1933, em Devon, Inglaterra. Ele cresceu desiludido com a escola, pois achava que ela embotava sua imaginação. A partir do convite do Royal Court Theater para escrever um peça, ele continuou trabalhando lá de 1956 a 1966, como curador das peças, diretor e professor de teatro, terminando como Diretor Associado. Em suas aulas, ele começava a questionar o impacto que a escola havia tido em sua imaginação ao explorar o oposto daquilo que seus professores lhe haviam dito, em uma tentativa de criar atores de teatro mais espontâneos. Foi nesta época, que Keith desenvolveu uma série de exercícios de improvisação para ajudar os dramaturgos a superar o bloqueio de escrita e para os atores trabalharem mais espontaneamente. Fundou o grupo de improvisação The Theatre Machine nos anos 60, que fez turnê na Europa e América do Norte e foi convidado pelo governo canadense para se apresentar na Expo 67. Keith se mudou para Calgary, Alberta, no Canadá nos anos 70 e em 1977 foi um dos fundadores da Loose Moose Theatre Company.

por Steve Jarand

Keith inventou o Sistema Impro e espetáculos de improvisação como Gorilla Theatre™, Maestro Impro™, Life Game e Theatresports™. Ele é professor emérito da Universidade de Calgary. Seus livros (IMPRO e Impro for Storytellers) vendem mais que Stanislavsky na Alemanha. Ele é dramaturgo de produções infantis e também de peças adultas curtas e completas, já apresentadas na Europa, América do Norte, África e América do Sul.

A Universidade de Stanford acolhe os documentos de Keith Johnstone que consistem de peças originais, escritos, correspondências, material teatral, diários, peças de teatro e mais. Para sermos mas específicos, estão lá os primeiros rascunhos de IMPRO e Impro for Storytellers (incluindo os escritos iniciais e rascunhos sobre Theatresports™), alguns trabalhos originais de Keith e cartas (há cartas para Keith de Del Close, Peter Coyote, Samuel Becket, Harold Pinter, Anthony Stirling, colegas do Royal Court Theatre, membros do Theatre Machine etc). Os papéis também incluem muitos dos contos iniciais de Keith, documentos de seus anos com o Royal Court, Theatre Machine e Loose Moose Theatre, além de clippings de jornais, críticas, programas, fotos, cartas, obras de arte e pôsters.

✱ INTRODUÇÃO

RECURSOS

Informações biográficas
Keith Johnstone -
A Critical Biography por Theresa Robbins Dudeck
Os Documentos de Keith Johnstone (The Keith Johnstone Papers)
Perguntas sobre "The Keith Johnstone Papers" ou dúvidas sobre os trabalhos literários de Johnstone, favor contactar Theresa Robbins Dudeck, sua Executora Literária.
trdudeck@gmail.com
theresarobbinsdudeck.com

Keith Johnstone
É chamado de jogar. É um jogo. Você é um jogador. Pense nisto.

THE INTERNATIONAL THEATRESPORTS™ INSTITUTE (ITI)

Em 1998, foi criado o International Theatresports™ Institute (ITI). É uma organização democrática a qual Keith Johnstone confiou o legado do formato de Theatresports™. O ITI é uma associação de grupos e indivíduos que se uniram pela paixão compartilhada pelo trabalho de Keith Johnstone.
O propósito do ITI é:
1. Continuar como a autoridade mais conceituada do mundo nos formatos de Keith Johnstone: Theatresports™, Gorilla Theatre™ and Maestro Impro™
2. Criar uma comunidade com membros ativa, engajada e de troca.

Os grupos que apresentam um ou mais dos seguintes formatos: Theatresports™, Maestro Impro™, and Gorilla Theatre™, o fazem após se candidatarem e serem aprovados no processo de direitos para apresentações. Os direitos são extremamente baratos e existem concessões para países com baixo PIB. Escolas também devem obter permissão mas não existem taxas a serem cobradas. O ITI gerencia as licenças dos formatos destes grupos e dá recursos para o aprendizado e desenvolvimento no campo da improvisação. As taxas obtidas dos direitos autorais vão para a gerência do ITI e dá suporte para seus membros. Keith Johnstone sempre se recusou a ganhar dinheiro dos royalties do Theatresports™. Todos os royalties do Theatresports™ se destinam ao desenvolvimento e serviços do ITI e seus grupos licenciados.
O ITI está aqui para te ajudar e responder qualquer pergunta que tenha sobre o trabalho do Keith, incluindo técnicas de improvisação, jogos e o uso do Theatresports™. Não hesite em nos contactar através do e-mail: admin@theatresports.org.

Theatresports™ foi a primeira maneira de intercâmbio internacional sobre Improvisação. Grupos de todo o mundo se comunicaram pela primeira vez por meio do idioma comum do Theatresports™.
Randy Dixon - Unexpected Productions Seattle, USA

UWCSEA Theatresports Show - Cingapura
com permissão de UWCSEA

THEATRE-SPORTS™ HISTÓRIA

O QUE É O THEATRESPORTS™?

Improguise - Capetown, South Africa
por Candice von Litzenberg

Theatresports™ é um formato teatral de improvisação de criação artística de Keith Johnstone. Ele entretém e educa atores e público. Superficialmente, é um "teatro de competição" de times com a mesma luta ilusória dos shows de luta livre profissional. Na frente da plateia os competidores parecem querer vencer mas, por trás, há um desejo mútuo de criar um teatro dinâmico e interessante através de habilidades de espontaneidade, contação de histórias e jogo solidário. Theatresports™ é capaz de criar risos, lágrimas, gritos de torcida e reflexão, tudo isso enquanto prende a atenção e entretém o público.

ORIGENS DO THEATRESPORTS™

Loose Moose Theatre Calgary, Canada (por volta de 1981)
por Deborah Iozzi

Loose Moose Theatre Calgary, Canada (por volta de 1981)
por Deborah Iozzi

Keith Johnstone - Impro For Storytellers pág. 1/2

O Theatresports™ foi inspirado na luta livre profissional. As lutas aconteciam nos cinemas (em frente à tela) e as expressões de agonia eram todas executadas "na cara" da plateia. Nenhum ator de teatro conseguia acreditar que fosse real. A luta livre era a única forma de teatro da classe trabalhadora que eu tinha visto e a excitação entre os espectadores era algo que eu desejava, mas não conseguia no teatro "normal".

Nós fantasiávamos sobre substituir os lutadores por improvisadores, um "sonho impossível", uma vez que cada palavra e gesto em um palco público tinha que ser e eles aprovado pelo Lord Chamberlain, na Inglaterra.

Era embaraçoso ter visitantes russos sentirem pena de nós por nossa falta de liberdade.

Eu dava aulas de comédia em público e o Lord Chamberlain relutava em abrir aquela "lata de minhocas", mas o Theatresports™ - uma competição entre equipes de improvisadores - não podia ser apresentado como "educativo". Era só uma forma de animar minhas aulas de aperfeiçoamento até me mudar para o Canadá.

A EXPLOSÃO GLOBAL DO THEATRESPORTS™

Keith estava explorando as bases do Theatresports ™ em suas aulas no Royal Court Theatre no final dos anos 1950 e testando-o em frente ao público com seu grupo The Theatre Machine na Europa nos anos 1960. O Theatresports ™, como o conhecemos agora, foi apresentado pela primeira vez publicamente em 1977 por um grupo de estudantes universitários que mais tarde formaram o The Loose Moose Theatre Company em Calgary, Canadá. Rapidamente ele se tornou um fenômeno! O público não conseguia acreditar no que estava vendo. Artistas destemidos estavam assumindo riscos enormes e criando um show do nada. A energia no teatro era elétrica e os ingressos se esgotavam. A notícia desse novo espetáculo começou a se espalhar e os grupos de Theatresports ™ começaram a aparecer. A reputação e o ensino internacional de Keith levou a uma maior difusão do formato e logo o Loose Moose Theatre hospedaria uma série de convidados estrangeiros que desejavam aprender mais sobre Keith e sobre o Theatresports ™. Muitos desses indivíduos levaram o Theatresports ™ de volta a seus países e a explosão continuou.

Devido à rápida e entusiasmada disseminação do formato, mudanças começaram a surgir.

> Keith Johnstone - Impro For Storytellers pág. 23
>
> Quando Theatresports™ é jogado por pessoas que tiveram um mínimo ou nenhum contato comigo, você verá a cópia da cópia da cópia - e com cada passo ele terá ficado 'mais seguro' e bobo.

Como o ensino é principalmente uma tradição oral, essas adaptações ocorreram, às vezes, por causa de má interpretação ou falta de informação. Faz sentido que, com a novidade do trabalho, as escolhas fossem feitas na tentativa de facilitar as coisas. O resultado dessas escolhas, no entanto, muitas vezes reduziu o risco de fracasso, um componente chave do trabalho de Keith. Remover o risco altera a visão criativa do formato.

Por exemplo, algumas mudanças comuns foram:
· Substituir cenas por jogos, como a maior parte do conteúdo
· Aumentar o foco na competição e tirar o foco do teatro e da história
· Remover a buzina
· Tornar os Juízes parte do entretenimento, vestindo-os em trajes bobos ou transformando-os em personagens

O risco pessoal diante do fracasso, a narrativa e o jogo solidário são elementos essenciais do Theatresports ™ e do "Sistema Impro" de Johnstone.

Aqueles que jogam com modificações que alteram o estilo de improvisação que o Theatresports™ permite, podem não estar cientes de como enfraquecem o formato. Isso é compreensível, já que os grupos frequentemente têm dificuldade em encontrar recursos para aprender. Perguntas importantes como Por quê? e Como? podem não ter sido disponibilizadas a eles.

Este guia tem como objetivo ajudar a responder a essas perguntas e fornecer uma compreensão dos conceitos essenciais do Theatresports ™. Esperamos que essas informações inspirem grupos e indivíduos, independentemente da experiência, a se reconectarem aos objetivos criativos de sua abordagem original.

Improvisação ilegal?! Difícil de acreditar mas é verdade!

O teatro foi censurado na Grã-Bretanha.
Apresentações públicas de improvisação eram ilegais porque não havia roteiro para censurar. Ainda há alguns grupos de improvisação que lidam com a censura do governo.

THEATRESPORTS™ HISTÓRIA

Uma história da Austrália

A primeira vez que jogamos Theatresports™, os treinamentos de improvisação faziam sentido, mas as performances não. Elas falharam em superar o desejo humano de competir, em vez de criar o melhor show possível, como parte de um conjunto. Não havia o conceito dos juízes "levando a culpa" e fazendo parte desse grupo de apoio, e o MC usava metade do tempo de apresentação, apresentando as equipes e cenas.

Então, após a temporada inicial, nosso público ficou menos interessado. Os números estavam diminuindo e percebemos que o grupo precisava mudar alguma coisa.

Por fim, recebemos orientação e treinamento adequados sobre como preencher a lacuna entre o teórico e o prático. Começamos a entender a relação com o público e algumas das estratégias para sustentar a variedade e a descoberta. Agora, havia espaço no show para veteranos e novos jogadores, protegidos por um formato que fazia com o que o público gostasse deles ... e conseguimos ser capazes de fazer o dobro de cenas no mesmo período de tempo!

Nossos artistas adoravam jogar, duas vezes mais do que antes, e nosso público dobrou, retornando a cada ano, quando realizamos nossas temporadas. Bom, nós temos nossas próprias peculiaridades locais, mas agora há uma base sólida. **Nick Byrne - Impro ACT, Canberra**

Eu sempre começo com Cabo de guerra de mímica, ou jogo do "Não use o S" ao ensinar formatos competitivos. Brinque com competição no palco, isso realmente diminui o conflito entre os improvisadores.
Jeff Gladstone - Vancouver Theatrsports, Canada

Keith Johnstone

O Theatresports ™ pode ser mais engraçado e, às vezes, mais significativo do que as versões copiadas. O que importa é fazer as coisas acontecerem, ou seja, contar histórias.

Contação de histórias, generosidade e a expressão de um ponto de vista requerem habilidade. Subir ao palco para jogar jogos com base em sugestões do público não é uma grande conquista e, em última análise, é menos satisfatório para os artistas ou o público.

Você sabia...

Com a explosão do Theatresports ™, muitas cidades ouviam este nome antes mesmo de ouvirem a palavra improvisação. Em alguns lugares ao redor do mundo "Theatresports ™" ainda é usado de forma intercambiável com o conceito de "IMPROVISAÇÃO". Nem toda improvisação é Theatresports ™. "Improvisação" é a habilidade usada no formato de espetáculo do "Theatresports ™".

Rapid Fire Theatre - Edmonton, Canadá
por Marc Julien Objois

Loose Moose Theatre Calgary, Canadá
por Kate Ware

Teatrul National Gargu-Mures, Romania
por Christina Ganj

O QUE THEATRESPORTS ™ PODE ALCANÇAR

Keith Johnstone - Impro For Storytellers pág. 24

Theatresports ™ pode:
- Aliviar o medo universal de ser observado;
- Tornar pessoas "maçantes" em pessoas 'brilhantes'. (ex.: pessoas 'negativas' em pessoas 'positivas'.);
- Melhorar habilidades interpessoais e encorajar um estudo vitalício sobre as interações humanas;
- Melhorar o "funcionamento" em todas as áreas (como dizem nas garrafinhas de remédios que curam tudo);
- Desenvolver habilidades de contação de histórias (e elas são mais importantes que muita gente acredita);
- Familiarizar os alunos com as bases do teatro bem como sua superfície;
- Dar espaço no palco aos atores;
- Permitir que a plateia dê retorno direto, ou mesmo que improvise com os atores, ao invés de ficar sentados tentando pensar em coisas inteligentes para se dizer no caminho pra casa.

BATS, San Francisco, EUA — por Stephanie Pool

Ao longo das décadas, o Theatresports ™ e técnicas de improvisação associadas a ele, se tornaram ferramentas úteis para treinar atores e não-atores em áreas de interação social, dinâmica de grupo, pensamento criativo, oratória e liderança. Ele desenvolve a confiança e as habilidades de escrita/contação de histórias e de comunicação. Fortalece a cooperação e a formação de equipes. Ele ensina a necessidade de aceitar os erros e o fracasso como um componente saudável de um processo de aprendizagem e, portanto, reduz a ansiedade associada à tomada de riscos, permitindo que os indivíduos tenham mais liberdade para experimentar. Ele treina os atores a usar seus instintos, questionar a autoridade, tomar decisões, reagir emocionalmente e agir primeiro / justificar mais tarde.

Deixem seus egos em casa.
Shawn Kinley
Loose Moose Theatre,
Calgary, Canadá

CONTEÚDO

Uma interpretação errônea comum sobre o Theatresports ™ é de que o espetáculo é focado principalmente na execução de jogos de Impro. Na verdade, um espetáculo de Theatresports ™ pode ter poucos ou nenhum jogo. A improvisação é muitas vezes ensinada por meio de uma série de jogos que podem ser vistos em uma apresentação de Theatresports ™, então pensar que o foco principal é jogar esses jogos é um uma conclusão comum. No entanto, o Theatresports™ é, na verdade, uma noite de teatro improvisado e contação de histórias usando elementos esportivos para gerar uma atmosfera dinâmica para o público. Os jogos são adicionados para variar e não devem ser a maior parte do conteúdo do espetáculo. É comum que os grupos que trabalharam ou foram influenciados por Keith tragam elementos teatrais, como Máscaras e bonecos para o palco em cenas improvisadas ou explorem elementos como movimento, palhaçaria e emoções genuínas, ou conteúdos focados em história, religião, sociedade e eventos atuais. O Theatresports ™ está criando uma forma diferente de teatro.

Improvisação é inflamável e todo mundo adora ver alguém brincando com fogo.
Antonio Vulpio
Teatro a Molla, Bologna, Itália

CONCEITOS IMPORTANTES

O QUE VOCÊ PRECISA SABER ANTES DE COMEÇAR

O Theatresports™ será uma experiência mais rica se você começar cultivando habilidades de improvisação e o estado de espírito necessário ao abordar o formato. Os jogadores precisam aprender a aceitar as ideias uns dos outros e a criar histórias. Esses tijolos de base se aplicam em jogos ou cenas; eles são o fundamento do trabalho. É natural querer se sentir seguro e é por isso que os jogadores são ótimos em se proteger de histórias que avançam ou de permitir que outros personagens/improvisadores tenham qualquer controle. Mesmo que seja um leão de brincadeira, os improvisadores geralmente respondem à proposta de "colocar a cabeça na boca do leão" com um "você vai primeiro".

O desejo de fazer o espetáculo é forte. Queremos incentivá-lo, no entanto, a ler o restante do guia, consultar um professor da ITI e ler diretamente os textos de Keith Johnstone. Isso o ajudará a entender melhor cada componente e como as escolhas especificamente projetadas para o formato servem à produção e ao desempenho no Theatresports™.

O ESPÍRITO DA COISA

O trabalho de Keith é um estilo específico de técnica e performance improvisada. Sua base vem da compreensão do espírito ou ideia por trás do trabalho.
Os aspectos desse "espírito" incluem:

· Brincadeira
· Apoiar seu parceiro e valorizar suas ideias
· Arriscar-se e ter coragem
· Honestidade e vulnerabilidade
· Ser positivo
· Fracasso - Aprender a errar com espírito esportivo e bom humor
· Trabalho em equipe
· Malandragem

Vamos olhar os três últimos itens mais a fundo...

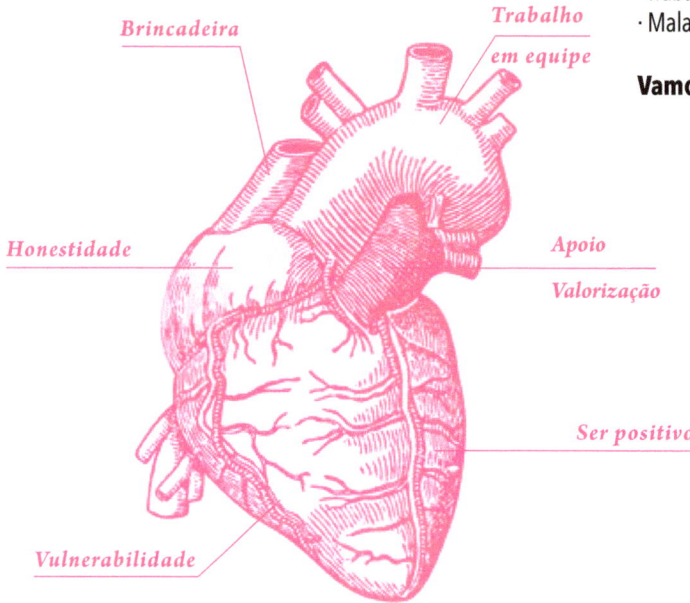

FRACASSO

Em nossa sociedade, o fracasso é carregado de julgamento e estresse. Contudo, sabemos que é por meio do fracasso que aprendemos; e, ao arriscar, precisamos estar preparados para um possível erro. Para que os improvisadores brinquem livremente, eles devem aceitar o fracasso e encarar riscos. O resultado disso nos dá a oportunidade de mostrar ao público uma criatura muito especial: o improvisador destemido e bem-humorado que pode tropeçar em poços cheios de crocodilos e chamas do inferno e sair do outro lado com um brilho de alegria em seus olhos, sem ser derrotado por aquilo que acabaria com uma pessoa comum.

Keith Johnstone - Theatresports™ and Lifegame Newsletter - Edição 1, 1989

Desde o início de sua formação, o aluno deve ser ensinado a não franzir a testa, não tensionar os músculos, não suar, resmungar ou sofrer quando ele errar. Ninguém paga para ver isso no teatro, pois esse tipo de coisa a gente já tem em casa.

O fracasso deve ser bem-vindo como um componente essencial de qualquer jogo e como uma oportunidade para mostrar nossa generosidade e boa vontade. Erre e fique feliz, e o público achará que você é amável e encantador: eles vão querer abraçar você e te pagar uma bebida. Faça caretas, fique puto e cheio de raiva, e você vai parecer detestável, mimado, egocêntrico e antidesportivo. Eu vi campeões de Wimbledon com quem eu odiaria estar na mesma sala; mal-humor e malevolência não importam no tênis, mas esse comportamento é um desastre no teatro, onde não importa quem ganha ou perde. Os espectadores têm que se divertir, relaxar e deveriam amar e admirar os artistas.

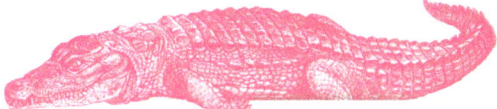

Keith Johnstone - Theatresports™ and Lifegame Newsletter - Edição 1, 1989

Eu costumava achar que deveria evitar que o aluno experimentasse o fracasso - eu pensava que poderia fazer isso selecionando exatamente o material certo e dividindo-o em pequenas doses. Hoje em dia, penso que o mais importante é ensinar formas de lidar com a dor do fracasso. Eu falo para os alunos culparem o professor pelos seus erros, rirem, ao invés de se punirem tentando ser sempre melhores.

O público gosta de ver o fracasso, mas não gosta de ver o ator se punir.

A razão pela qual tão poucas pessoas entendem o valor do fracasso é que ele está geralmente ligado a uma autopunição horrível que nada tem a ver com o aprendizado (a tensão muscular provavelmente torna o aprendizado mais difícil) e é puramente defensiva.

Theater Anundpfirsich, Zurich, Suíça
📷 por Mike Hamm

O que eu aprendi com o Theatresports ™ foi estar confortável com o fracasso. Especialmente porque as chances de fracassar são muito altas. Isso te dá coragem.
Collin Mocherie

➡ TRABALHO EM GRUPO

Theatresports™ É trabalho em equipe. Curiosamente, muitas vezes é visto como um time em competição com outro. Na verdade, a equipe inclui todos os artistas, técnicos, voluntários e público. A batalha é contra o tédio, a segurança e a mediocridade. A vitória traz como recompensa diversão, entusiasmo e lembranças fortes e positivas. A técnica de improvisação é construída sobre o trabalho em equipe. Aceitamos e apoiamos as ideias uns dos outros para que possamos assumir riscos e ser criativos. Não faz sentido que, em uma técnica fundamentada em apoiar uns aos outros, abandonássemos isso durante o espetáculo. Quando uma equipe se recusa a ajudar a cena de um concorrente, ela pode se beneficiar ganhando um desafio, mas acaba enviando sinais contraproducentes para a improvisação. O espetáculo não é sobre a sua glória individual, mas sim sobre trabalhar uns com os outros para oferecer ao público uma boa experiência. Quando uma equipe entra em cena para ajudar a equipe adversária em uma improvisação, o público é recompensado com uma experiência de generosidade. Quando o público retorna semana após semana por causa de improvisações de qualidade, os jogadores são recompensados com o sucesso de todo o grupo.

Picnic Improvisação Teatral
Bogotá, Colombia
📷 *por Romina Cruz*

➡ MALANDRAGEM

Conectado com o espírito do trabalho em impro, Keith sempre encorajou uma quantidade equilibrada de malandragem no formato do Theatresports ™. Ele queria que o público visse, uma vez por semana, os jogadores como "criaturas felizes e generosas, livres de suas gaiolas", às vezes até um pouco difíceis de controlar. O brincar e a malandragem contribuem para a experiência, desde que sejam feitos com boas intenções.

Como atitudes com intenções mesquinhas, como rebaixar alguém ou discussões sérias sobre a pontuação de uma cena, não são do interesse de ninguém, exceto daqueles com grandes egos. A malandragem não deve interferir no espetáculo, deve acrescentar algo à experiência. Aqui estão alguns exemplos de malandragens inspiradoras:
Um jogador "atrasa o jogo" por tweetar sobre o quão ótimo os juízes aparentam ou por tira fotos deles.
Os improvisadores (incessantemente) insistem em que seus companheiros de equipe (não eles) devem ter a honra de fazer a próxima cena.
Uma das equipes continua começando cenas extras de um lado do palco, tentando fazer seu próprio show para alguns membros escolhidos da plateia.

Keith Johnstone - Impro For Storytellers pág. 20

Se a malandragem é entendida como tal, todo mundo fica mais ousado. Funciona melhor se for usada para preencher o tempo morto. Evite-a e sempre haverá algo travado em seu trabalho.

HABILIDADES

Não raro um grupo de improvisação acaba aprendendo uma explicação simplista das técnicas de improvisação. Por exemplo, "sempre diga sim, nunca diga não". A aceitação de ofertas. É um componente-chave, mas isso não significa simplesmente dizer "sim". Nós treinamos a aceitação para encorajar apoio, e assim, os jogadores podem se arriscar criativamente sem medo de julgamentos. Uma vez que a aceitação seja assimilada, devemos, então, observar como transformar as ideias que surgem em histórias para o público. Habilidades como estar presente, correr riscos sem medo, aceitar o fracasso, desistir do controle, bem como aceitação total e apoio dos outros são suprimidas em nossas vidas diárias e, portanto, levam tempo para serem desenvolvidas e mantidas.

Se você quiser provocar o outro time, aja como se você estivesse segurando o riso.
Nils Petter Morland
Det Andre Teatret, Oslo, Noruega

Keith Johnstone

Não tente fazer sempre o seu melhor porque vai causar um medo instantâneo do palco. Quando você vê improvisadores experientes (ou alpinistas) fazendo o seu melhor, é porque eles estão em apuros.

Aqui estão alguns fundamentos da Impro, seguidos por jogos / exercícios relacionados e retirados do livro IMPRO FOR STORYTELLERS:

Espontaneidade/Momento Presente:
Nosso medo de sermos julgados e o desejo sermos amados mantém nossas cabeças procurando o que fazer em seguida. Como improvisadores, precisamos treinar como estar presentes; do contrário, não vemos nem ouvimos o que está acontecendo, não podemos reagir de forma honesta e não conseguimos trabalhar com nossos parceiros.
- Olhos abertos - pág. 205/206
- Sons emocionais - pág. 268/270
- Objetivos emocionais - pág. 184/185
- Jogos com chapéu - pág. 19, 156/161
- Mantras - pág. 270/274
- Sanduíches - pág. 236/237

Abrindo mão do controle
Também conectado ao medo, tentamos controlar nosso corpo e nossas mentes e descobrimos que perdemos emoções verdadeiras bem como o relaxamento físico. Exercícios destinados a tirar a responsabilidade dos jogadores de diferentes maneiras podem ser libertadores.
- Cabo de guerra - pág 57/58
- Uma palavra por vez - pág 114-115, 131-134, 329
- Uma só voz – pág. 171-177
- Ele disse/Ela disse (Indicações de cena) – pág. 195-199
- Dublagem – pág. 171 -178
- Corpos em movimento – pág. 200-202

Sendo ativo
Falar demais e explicar nossos sentimentos e desejos é uma defesa primária do improvisador. Uma alternativa é atuar de maneira física para que nossos corpos contem as histórias, ao invés de nosso intelecto.
- Justificar o gesto – pág. 193-195
- Gramelô/Blablação – pág. 185/186, 214-219
- Mudando a imagem corporal – pág. 276-277
- Sentado/De pé/Deitado – pág. 366/367

Status
O status é uma linha direta no que diz respeito a relacionamentos. Estamos usando status o tempo todo, e intensificá-lo ou "bagunçá-lo" pode revelar um tipo de interação humana dramática e fascinante.
- Vários exercícios de status – pág. 219-231
- Mestre/servo – pág. 240/241
- Caretas – pág. 162-168
- Hierarquia – pág. 168

Narrativa
Uma sólida habilidade em contar histórias fornece aos improvisadores as ferramentas necessárias para criar uma noite interessante de teatro improvisado e não depender inteiramente de jogos e piadinhas. Tudo é uma narrativa aos olhos do público e devemos entender isso, bem como

a maneira de cultivar e desenvolver essas narrativas.
· Vários jogos de narrativa – pág. 130-154
· E agora? – pág. 134-142
· O Jogo de Digitação – pág. 151-154
· Uma palavra por vez – pág. 114-115, 131-134, 329

Ao improvisar, é natural evitar o perigo ou o desconhecido à frente, destruindo histórias. Diretores e professores precisam estar cientes de como os improvisadores evitam avançar histórias e encorajá-los a continuarem sem medo.

O espetáculo deve apresentar toda a variedade de vida.
Nadine Antler
Steife Brise, Hamburg, Alemanha

Uma história do Canadá

Roman Danylo no final do espetáculo estava improvisando uma "Morte Cênica" para determinar qual equipe venceria a partida da noite. Depois de falhar em continuar sua parte da história, ele realizou sua cena de morte sendo atropelado por um carro. O oponente então correu no palco e realizou uma cirurgia de emergência, tirou a poeira de suas roupas e mandou-o embora. A plateia riu e os próximos 5 minutos foram gastos com Roman tentando morrer, enquanto outros artistas de ambos os lados salvaram sua vida. Ninguém se lembrava do vencedor da noite, apenas do lúdico segundo lugar no show.
Shawn Kinley, Calgary

TERMINOLOGIA

Ao longo dos anos, Keith desenvolveu uma terminologia para identificar danos causados à histórias e resistência ao aprendizado.
Aqui está um trecho de um dos boletins informativos de Keith definindo os termos com um exemplo do que eles fazem com uma história usando Chapeuzinho Vermelho:

Keith Johnstone - Theatresports™ and Lifegame Newsletter - Edição 1, 1989

Anulação:
Chapeuzinho Vermelho estava prestes a sair de casa quando a avó telefonou e disse: "Não venha".

Mudando de assunto:
Ela saiu com uma cesta de biscoitos e parou para atirar pedras no rio. Logo um bote veio e ela entrou nele... etc. (qualquer coisa menos encontrar-se com o Lobo)

Ser original:
(originalidade usada como uma maneira de desviar o assunto) - Chapeuzinho notou algo cinza se movendo através das árvores, e nesse momento ela entrou em uma linha do tempo que a levou de volta ao século XVI ...

Falta de coragem:
Esta é geralmente uma recusa de definir algo, ou seja, Chapeuzinho encontrou um grande, enorme, peludo, cinza, amigável ... animal ... na floresta. (Eu juro que os improvisadores fazem isso, removendo os fundamentos da história, recusando-se a identificar as coisas com as quais eles estão interagindo).

Conflito:
(quando usado para congelar a ação) "Que dentes grandes você tem vovó!"
"O que há de errado com meus dentes?" "Bom, eles são grandes!"
"Deixe-me ver no espelho. Meus dentes estão ótimos." "Eles são feios."
"Que bobagem!"
E por aí vai...

Conflito instantâneo:
Chapeuzinho saiu pela porta da frente e o lobo a engoliu.

Jogos (atividades pré-combinadas):
Chapeuzinho chega à casa da Vovózinha e jogam ping-pong a tarde inteira.

Controlando a história:
"Bom... você sabe que a vovó não está bem, ela mora sozinha. Eu disse a ela que é absurdo, mas ela não me ouve. Ela tem artrite e é difícil para ela cuidar de si mesma ... " E assim por diante. A Mamãe pode nunca chegar ao ponto de realmente dar à Chapeuzinho a cesta .

Fofoca (falar sobre algo que já passou e não apresenta mais perigo)
"Você se lembra quando eu te mandei com aquela cesta de biscoitos para a Vovó?"
"Sim, e eu encontrei o Lobo!"
"Sim, isso foi antes de termos a cabeça dele pendurada sobre o consolo da lareira."
"E ele engoliu você. A chaleira está fervendo. Eu vou fazer um pouco de Ovomaltine."
"E foi um choque terrível conhecer a vovó dentro dele."

Bloqueio:
"Você vai ver a sua Vovó, garotinha? " " Eu não tenho uma Vovó! "

Pessimismo:
"Que é pra te engolir melhor"
"Ah, tá bom, fazer o quê. Meu Deus! Como os lobos são chatos."(Essa resposta também é uma piada)

Piadas:
(ver acima) Chapeuzinho é faixa preta e arremessa o Lobo pela sala. Isto é, ela não se coloca em apuros.

Como você provavelmente percebeu, todas essas técnicas (talvez com exceção das piadas) podem ser usadas para melhorar uma história em vez de acabar com ela. Geralmente, fica muito claro quando um improvisador está trabalhando contra a narrativa e, com a prática, é fácil corrigir isso.

Again! Productions - Paris, França
por Romain Sablou

Ganhando ou perdendo, a plateia é o seu foco principal.
Uma perda dramática com boa vontade dá á plateia uma diversão melhor o público ganhar, você the audience wins, you não perde.
Shawn Kinley
Loose Moose Theatre
Calgary, Canadá

Teatrul National Gargu Mures, Romênia por Christina Ganj

VAMOS COMEÇAR

THEATRESPORTS™ POR STEALTH

Keith Johnstone – Impro For Storytellers pág. 6/7

Digamos que os alunos em uma cena de Impro estão tagarelando e não estão prestando atenção nos colegas (porque se eles escutassem o que está sendo dito eles seriam obrigados a se modificar). Você pode desacelerá-los dizendo que o primeiro aluno a usar uma palavra que inclui um 's' perde o jogo; por exemplo:

- "Bom dia, pai." - "Você chegou às duas da madrugada, Joan!"

Papai perde (porque as palavras "às" e "duas" contém um "s"). Claro, se ele estivesse prestando atenção, ele poderia ter dito algo como:

"Você chegou às dua... ééé... à uma da manhã, Joan!"

Os alunos gostam ainda mais deste jogo se você os dividir em duas equipes e premiar o vencedor de cada "rodada" de cinco partidas.

Assim, eles estarão jogando uma versão do Theatresports ™.

Adicione mais jogos. Diga que o primeiro jogador a matar uma ideia perde, por exemplo: - Você está sem fôlego. Estava correndo?

- "É a minha asma..."

Este ataque de asma perde porque rejeita a ideia de correr.

Ou adicione um jogo no qual você perde se disser algo que não seja uma pergunta. - "Você quer me interrogar?"

- "Você é um suspeito, não é?" - "Devo me sentar aqui?" - "Essa é a minha cadeira." O suspeito vence.

O COMEÇO RÁPIDO

Impro Now - Adelaide, Austrália por Tracey Davis

Como apresentar o Theatresports ™ ao encontrar uma turma pela primeira vez

1. Não mencione Theatresports ™ .
2. Ensine um jogo competitivo - o Jogo do Chapéu é perfeito pra isso.
3. Proponha que joguem formando 2 times - três ou quatro pessoas em cada time.
4. Se a terceira etapa foi divertida, adicione um Juiz.
5. Adicione um Apresentador.
6. Explique pra eles que estão jogando uma forma simplificada do Theatresports ™
7. Peça para dois Capitães dos times escolherem três ou quatro jogadores cada. Escolha uma pessoa para cuidar do placar e mais três Juízes. (POR FIM)
8. Peça a essas equipes que pensem em um desafio sobre qualquer coisa que lhes ocorrer (a critério dos juízes); por exemplo, a melhor cena de mestre/servo ou uma "luta apenas com as pernas", ou a cena mais assustadora - o que for.
9. Incentive os espectadores a torcer por suas equipes e um tremendo entusiasmo pode acontecer.
10. Dê a cada juiz um conjunto de cartões de um a cinco e uma buzina de bicicleta que eles possam tocar para acabar com cenas chatas.
11. Mais tarde, você pode dar ao Apresentador um microfone e você pode nomear técnicos (improvisadores de som e iluminação) e contra-regras/cenógrafos.

Se você introduzir as ideias pouco a pouco, os alunos sentirão que eles mesmos inventaram o jogo. Em boas circunstâncias, a competição gera o desejo de melhorar a técnica e o professor torna-se um recurso para os alunos que estão ansiosos para dominar as habilidades - uma excelente situação de ensino.

O QUÊ VOCÊ PRECISA PARA UM THEATRESPORTS™ BÁSICO

Improvisadores
Três Juízes
· Uma moeda
· Uma buzina - veja pág. 34 deste manual para mais detalhes.
· Um cesto grande o suficiente para caber a cabeça de uma pessoa- veja a pág 37 deste manual para mais detalhes.
· Um conjunto de cartões de placar. Os cartões devem ser grandes o suficiente para que as pessoas na fila de trás vejam. Devem ser numerados de 1 a 5 em ambos os lados do cartão.
Apresentador
Mediador (Ombudsperson)
· Um microfone, caso necessário

Uma pessoa para marcar o placar
· Um placar
· Caneta ou giz ou números para colar e descolar
Um local com espaço para o jogo
· Um palco, de preferência com entradas e saídas
· Local com espaço para os times e os juízes
· Móveis, figurinos, adereços para jogadores e contra-regras – ver página 42 deste manual para mais detalhes.
Operador de luz
· Lâmpadas com dimmers, se for possível
Operador de som/música
· Equipamento de áudio/computador e/ou instrumentos

Comece o espetáculo de maneira confortável. Conexão é melhor do que uma empolgação cega.
Shawn Kinley
Loose Moose Theatre, Calgary, Canadá

Keith Johnstone

A abertura não deve ser boa demais. Cometa alguns erros.

A THEATRESPORTS™ SHOW

Keith descreve um jogo típico (de 1980).

Keith Johnstone - Impro For Storytellers pág. 2/3

Theatresports™ at Loose Moose

São oito e dois da noite de um domingo, e o cheiro de pipoca lhe diz que você está participando de algo popular. A música de abertura começa e os espectadores começam a aplaudir enquanto um holofote os ilumina e depois fixa-se no Apresentador, que fica em frente a um placar alto e à direita do público.

Ele (ou ela) dá boas vindas aos espectadores quebrando o gelo e pede a eles: "Diga a um estranho qual o legume que você mais odeia!" ou "Conte a alguém um segredo que você nunca contou pra ninguém!" ou "abrace um estranho que esteja perto de você. "(Fico surpreso que nossos espectadores concordem em abraçar uns aos outros.) ... O Apresentador agora se torna apenas uma voz, que explica os pontos mais sutis do espetáculo. Essa voz pode comentar brevemente sem ser intrusiva, ao passo que alguns MCs precisam falar parágrafos inteiros para fazer com que suas interrupções valham a pena. "E agora, nossa tradicional vaia para os juízes!", diz o Apresentador. Esta é uma maneira simples de dar permissão para o público vaiar mais tarde (se quiser fazê-lo).

Três juízes vestidos com togas atravessam o palco para se sentar no fosso ao redor de nossa área de atuação. Buzinas de bicicleta penduradas no pescoço (estas são as "buzinas da salvação" usadas para buzinar os jogadores entediantes pra fora do palco).
Seu comportamento é sério, pois é menos divertido vaiar pessoas legais.

Em uma noite típica, o Apresentador pode apresentar: "um desafio de dez minutos jogado por duas de nossas equipes novatas. Um aplauso para a equipe Aardvarks…'
Três ou quatro improvisadores vem correndo do lado oposto do banco da sua equipe. Isso nos permite uma visão deles enquanto atravessam o palco. "E agora, uma salva de palmas para os Bad Billys!" As equipes devem entrar como um grupo, não como indivíduos, ou seja, sem "estrelismo" (show-bizz demais).

O JOGO DOS 10 MINUTOS

The Court Theatre - Christchurch, Nova Zelândia
por Rachel Sears

O Jogo dos 10 minutos é um desafio curto com improvisadores novatos. É importante que o Apresentador mencione que os jogadores são iniciantes. Isso tira o estresse deles já que o público irá ajustar suas expectativas.

Vantagens do Jogo dos 10 Minutos
Dá aos jogadores mais novos uma experiência curta, segura e controlada no palco. A experiência é o melhor professor que qualquer artista pode ter.
Isso diminui as expectativas do público, porque normalmente o trabalho dos artistas mais novos não é tão seguro quanto o de improvisadores que atuam há 20 anos ou mais.
Mostra para plateia que a improvisação não é tão fácil como se imagina.
Ajuda a garantir que a qualidade do trabalho de cena vai melhorar durante o espetáculo.

O jogo pode ser realizado como uma Partida de Desafio do Juiz, onde os juízes lançam os desafios - o que pode ser muito útil para jogadores bem iniciantes ou para uma Partida de Desafio, conforme descrito mais adiante..

Comporte-se como um atleta, pense como um improvisador
**Nils Petter Morland
Det Andre Teatret,
Oslo, Noruega**

Keith Johnstone - Impro For Storytellers pág. 3-5

"Um juiz e dois capitães de times ao centro", diz o Apresentador.
Uma moeda é jogada ao alto e o ganhador, em um gesto de generosidade, diz: "Você pode fazer a primeira escolha"
Um jogador cruza o "território inimigo" e diz: "Nós, os Aardvarks, desafiamos vocês, os Bad Billys, para a melhor cena de um filme recente!" (Ou qualquer outra coisa). "Aceitamos!" Dizem seus oponentes.

Cada time improvisa sua cena de 'filme' (desafiantes indo primeiro), e os juízes dão pontos segurando cartões que vão de um a cinco: cinco significa excelente, um significa ruim e uma buzinada da salvação significa 'por obséquio, saia do palco'. Desafios são feitos um após o outro até que o tempo acordado seja alcançado.
Às vezes, há desafios "um contra um", nos quais os jogadores das equipes adversárias atuam juntos - talvez em uma "cena de amor cara-a-cara a ser julgada por sua sinceridade e verdade" (cenas individuais podem envolver vários jogadores de cada equipe). Desafios podem ser qualquer coisa (a critério dos juízes) - por exemplo, o desafio de Bruce McCulloch para "a melhor cena concluída no tempo que eu posso submergir minha cabeça em um balde de água".

As equipes podem diversificar ao criar desafios de cenas em mímica, ou em gramelô/blablação, ou em versos, ou em músicas, e assim por diante, enquanto os técnicos de som fazem trovões, ou explosões, ou tocam 'A Cavalgada das Valquírias' de Wagner, ou punk rock, ou 'A dança da Fada Açucarada' de Tchaikovsky, ou 'música de vampiro', ou temas de amor, ou descarga de banheiros, ou qualquer outra coisa que seja apropriada.
Esse jogo de iniciantes geralmente é seguido por um Improvisação Livre de quinze minutos no qual um "treinador" dá uma aula (exatamente como fiz com o Theatre Machine nos anos sessenta).

A IMPROVISAÇÃO LIVRE

Keith Johnstone

... uma aula curta de improvisadores em treinamento - especialmente para aqueles que não conseguiam entrar em um time, e para agradar o público deixando-os a par dos segredos - as técnicas do jogo - às vezes pode ser a parte mais engraçada da noite.
(As explicações são mínimas - não é uma palestra de jeito nenhum. Se os jogadores entenderem, o mesmo acontecerá com o público - pelo menos quando perceberem as instruções sendo aplicadas em cena.)

O líder da sessão de Improvisação Livre é uma mistura de professor de oficina e tomador de conta de um zoológico. Os atores são macaquinhos felizes que estão ansiosos para estar no palco (às vezes, é necessário um pouco de esforço para mantê-los sob controle.) Lembre-se, quando a pessoa que lidera a Improvisação Livre perguntar: "Duas pessoas aqui no palco, por favor?", é muito melhor ver cinco pessoas correndo para o palco e mandar três de volta, do que implorar aos improvisadores assustados que venham ao palco. A atitude que você demonstra refletirá como o público se sente. "Assustado e nervoso" ou "brincalhão e feliz"

Uma improvisação livre pode incluir:
· Exemplos de Bloqueio e Aceitação - e como o entusiasmo afeta o trabalho.
· O exercício de atitude em mostrar como é interessante para os improvisadores ter reações seguras em relação aos outros personagens. (Veja Impro For Storytellers pág. 233)

· Exercícios de Status
· Trabalho com Máscaras
· Exemplos de exercícios de treinamento que não costumam ser reproduzidos em uma partida, como: Mãos nos Joelhos, Fazendo Caretas, "Sim!"em Grupo, Falar em uma só Voz, etc.

A Improvisação Livre pode ajudar a melhorar a confiança dos jogadores mais jovens. Não é para ser usado todas as noites como se fosse uma parte do programa. Use-o como uma ferramenta para aprimorar as necessidades do espetáculo e para formar o público e os artistas. Você pode se surpreender com a conexão de seu público quando lhes é permitido adentrar os "segredos".

Beijing Horse Horse Tiger Tiger Culture Communication Inc. China 📷 *por Zeng Cheng*

Keith Johnstone

Permita que a plateia seja honesta.

O JOGO DINAMARQUÊS

Keith sugere que os grupos comecem os seus treinamentos com o Jogo Dinamarquês porque é fácil de organizar e coordenar.

Keith Johnstone - Impro For Storytellers pág. 4/5

A Improvisação Livre é geralmente seguida pelo Jogo Dinamarquês (assim é chamado porque eu o desenvolvi na Dinamarca em um momento em que queríamos enfatizar o apelo internacional do Theatresports™).

Os Juízes saem e um Mediador (Ombudsperson) explica o Cesto do Castigo (se ainda não foi usado) e diz aos espectadores que a cada dois desafios eles serão solicitados a gritar o nome da equipe que "fez a melhor cena". O/A Mediador(a) faz com que eles gritem o mais alto possível.

Alguns grupos de Theatresports ™ mais melindrosos pedem ao público para segurar cartões coloridos para indicar o time que eles preferem, mas isso é uma atitude medrosa em comparação com gritar o nome de uma equipe o mais alto que puder.

VAMOS COMEÇAR

> Após dois desafios, o Mediador relembra os espectadores das cenas que eles acabaram de assistir (o riso interfere na transferência da memória de curto prazo). 'Vocês preferiram a cena de amor em que o Carrasco fugiu com o Prisioneiro? Ou a cena de amor em que o zelador idoso disse um adeus choroso à sua vassoura? Na contagem de três - Um! Dois! Três!'
>
> Os vencedores ganham cinco pontos e um novo desafio é lançado. Às vezes, é preciso haver um novo grito e os nomes das equipes tem que ser gritados separadamente. Mesmo se tivéssemos um "decibelímetro" ou algo assim, nunca iríamos usá-lo. Gritar em conjunto faz bem para a alma.

Os nomes de cada equipe deve conter o mesmo número de sílabas, caso contrário, quando o público gritar, o nome mais longo terá a vantagem. Gritaria ruidosa e assobios são desencorajados por causa da dificuldade de ouvir a escolha de todos.

Keith Johnstone

Tire o risco, a competição e o fracasso e você vai tirar também o "esporte" do Theatresports ™

O Mediador (Ombudsperson) do Jogo Dinamarquês não é a mesma pessoa que o Apresentador do espetáculo. O Mediador tem o papel de explicar o Jogo Dinamarquês e contar os votos. Eles também buzinam cenas e penalidades (o cesto!). O Apresentador continua em seu lugar, próximo ao placar, anunciando a pontuação e esclarecendo elementos do jogo, bem como apresentando bem como agradecendo as equipes e o Mediador. Ele usa um microfone.

PARTIDA DO DESAFIO BÁSICA

Loose Moose Theatre - Calgary, Canadá
por Deborah Iozzi

A partida do Desafio Básica: uma equipe que lança um desafio e as duas equipes fazem uma cena com base nesse desafio.
O Time 1 desafia o Time 2.
O Time que desafia sempre se apresenta primeiro.
O Time 1 apresenta o desafio.
O outro time senta fora do palco, mas à vista do público e faz uma preleção do desafio (sem atrair a atenção da plateia). Diferentes preleções aumentam a variedade da partida.
O Time 1 é pontuado.

O Time 2 apresenta o desafio e é pontuado.
O Time 2 desafia o Time 1. Novamente, o Time que propõe o desafio se apresenta primeiro.
Jogo continua enquanto durar a partida.
Os juízes terminam em uma cena boa. Isso significa que o tempo total do jogo é flexível.
O espetáculo termina com o vencedor sendo anunciado e as equipes atravessando o palco para apertar as mãos, como em um tradicional evento esportivo em equipe, acenando para o público. O Apresentador deseja a todos uma boa noite, dizendo "até a próxima semana!".

Keith Johnstone - Impro For Storytellers pág. 5/6

O público saí do teatro às dez horas no máximo, e se o espetáculo tiver sido bom, você sentirá que está assistindo a um bando de pessoas bem-humoradas que são maravilhosamente cooperativas e que não têm medo de errar. É terapêutico estar em companhia dos jogadores, gritar, aplaudir e talvez até subir no palco com eles.
Com sorte, você se sentirá como se estivesse em uma festa maravilhosa; grandes festas não dependem da quantidade de álcool, mas de interações positivas.

VARIEDADE

Variedade é algo muito importante em um espetáculo do Theatresports ™. Assim como o circo tem o malabarista antes de um ato que desafia a morte, ou como Shakespeare acrescenta personagens cômicos às suas mais sombrias tragédias, os improvisadores devem lutar pela diversidade.

Os improvisadores precisam estar cientes da inclusão da variedade, porque, subconscientemente, tendem a cair em padrões e toda noite correm o risco de ter o mesmo estilo, temas ou ritmo.

Procure variações da seguinte maneira:
- Duração das cenas - se uma equipe fizer uma cena longa, responda com uma curta
- Número de jogadores no palco - se um time tiver uma cena solo, faça sua cena com muitos jogadores
- Visual cênico - se uma equipe usa um palco por nu, use móveis ou iluminação em sua cena ou entre na plateia
- Conteúdo - se a cena anterior é de amor, não faça outra.
- Textura - se a cena é hilária, faça uma próxima cena calma, simples, lenta, dramática ou silenciosa
- Não queira fazer toda cena ser engraçada, busque contar histórias

Keith Johnstone - Impro For Storytellers pág. 9/10

Os Aardvarks correm para o palco para apresentar sua cena.
Eu digo: "Esperem! Foi assim que o outro time chegou. Não há outra maneira de expressar bom humor e diversão?"
Eles ficam perplexos.
"Desejem aos seus colegas boa sorte. Apertem suas mãos. Finjam que eles são pugilistas e vocês são seus assistentes. Enxuguem seu suor. Finjam colocar protetores de dentes em suas bocas. Anunciem-os como os "vencedores invictos" neste jogo em particular. Deixem-os assinar autógrafos. Não é possível transmitir bom humor, coragem, afeição e jovialidade sendo simplesmente obedientes!"
"Mas os Juízes não começarão a fazer contagem regressiva?"
"Eu espero que sim [qualquer coisa por variedade], mas quando isso acontecer, basta começar o jogo!"
Os Juízes fazem a contagem regressiva se a equipe está sendo muito lenta. Não deve ocorrer sempre.
Na Europa, todo o público faz a contagem regressiva antes de cada cena. Eles devem fazê-lo quando os Juízes o fizerem. Às vezes, uma equipe precisa de mais de 5 segundos e, no entanto, não está perdendo tempo.
Eles estão prestes a fazer sua cena de mestre/servo.
"Só um momentinho... Há uma mesa e duas cadeiras no palco, mas essa foi a cenografia anterior. Que tal trabalhar em um palco vazio? Ou por que não trazer o barco pro palco? Por que não convidar alguns membros da plateia e fazê-los de espelhos distorcidos em um parque de diversões?"
Eles carregam os móveis enquanto seus colegas de equipe sentam e parecem entediados.
"Opa! Animem-se para ajudar seus colegas [mesmo que eles sejam membros da outra equipe]. Isto é teatro e não o mundo do trabalho do dia-a-dia onde as pessoas são mesquinhas e fazem tudo com preguiça e mau-humor."
Os Aardvarks começam sua cena.
"Esperem!"
"O que foi agora?"
"A outra cena foi ambientada em um castelo, e esta também. Por quê não dois guardiões do farol jogando golfe? Ou Deus sendo massageado por um dos anjos? Nunca repita o que o outro time fez, a menos que eles sejam tão incompetentes que vocês possam pensar: "Vamos mostrar como eles deveriam ter feito aquela cena!"

THEATRE-SPORTS™ EM MAIS DETALHES

O DESASTRE É INEVITÁVEL

Keith Johnstone - Impro For Storytellers pág. 12

Na primeira vez que um grupo trabalha em público pode ser que eles sejam tão humildes, tão vulneráveies, que o coração do público seja cativado por eles. Da próxima vez, eles vão entrar no palco sem um traço de humildade, e o público dirá para si: 'Então eles acham que são engraçados? Vamos vê-los provar isso! " E a glória se transforma em cinzas. Variar entre arrogância e humildade quando você é um iniciante é tão inevitável quanto cair quando você aprende a andar de bicicleta.

Ficar na frente de uma plateia é importante. Por favor, não se esconda e não tente ser perfeito antes de arriscar-se. Grupos que treinam isolados até que sejam altamente qualificados dificilmente ousam se aventurar em público; É uma pena, porque você aprende brincando mais rápido na frente de estranhos implacáveis do que na frente de amigos que perdoam.

Keith Johnstone

Precisamos de uma cena ruim nesse exato momento.

A sociedade valoriza a perfeição, o sucesso e a segurança. Theatresports™ valoriza a espontaneidade, o erro e o risco.
Patti Stiles
Impro Melbourne, Austrália

O INÍCIO DO ESPETÁCULO

Fogos de artifício e fanfarras...?
Alguns grupos acreditam que deve haver uma grande produção no início de seu trabalho para "estimular o público". Eles querem criar emoção e energia com um GRANDE começo.

Esta metodologia pode ir contra sua improvisação da seguinte maneira:
· Causar estresse e ansiedade em seus jogadores para "estar à altura" desse começo
· Deixar o público com uma expectativa muito alta com ações escandalosas que eles não verão durante o resto da noite nas cenas improvisadas, fazendo com que um palco vazio pareça menos importante
· Intimidar os membros da audiência e impedi-los de participar como voluntários
· Criar uma forma de competição criativa. Às vezes, o público pode sentir que precisa "estar à altura" do espetáculo com suas sugestões. Isso torna quase impossível receber sugestões honestas, simples ou verdadeiras.
Se o público deixar a impressão de que e espetáculo foi melhor no início da noite do que no final, ou se forem drenados do falso entusiasmo, você não os verá retornando semana após semana.

Comece o show com o Apresentador dando as boas-vindas ao público e criando um ambiente legal que apoiará os improvisadores enquanto eles sobem ao palco para se arriscarem.

Keith Johnstone

A maioria dos grupos não compreende o quão competitivos eles são.

APRESENTADOR

É uma melhor opção do que dizer "Anfitrião" pois ninguém é dono do Theatresports. Seu trabalho é esclarecer, manter a eficiência do show e fornecer informações como um comentarista esportivo faria. Eles se sentam ao lado do placar e falam em um microfone. Se possível, o placar deve ter uma luz que liga e desliga mostrando as atualizações da pontuação. Assim, o Apresentador pode às vezes interferir. Os Apresentadores iniciam e terminam o espetáculo e são a voz que explicam o evento, como no futebol ou boxe.

As responsabilidades do Apresentador são:
· Ser carismático e eficiente.
· Explicar o que está acontecendo no espetáculo para que o público possa relaxar e aproveitá-lo.
· Apresentar os jogadores e os Juízes.
· Fazer a transição de uma seção do show para outra
· Ajudar a manter as equipes e os Juízes no caminho certo (quando necessário) em relação a quem é o próximo no desafio.
· Anunciar a pontuação que os Juízes atribuem a cada cena, caso o público não consiga ver os cartões.
· Explicar elementos do espetáculo para o público. Exemplo: "A buzina será tocada pelos Juízes quando uma cena é entediante, dizendo para os jogadores deixarem o palco imediatamente. O desempenho ainda sim é pontuado."

É muito importante que o Apresentador não esteja competindo com os jogadores por risos ou atenção.

*Loose Moose Theatre
Calgary, Canadá*
📷 *por Kate Ware*

Keith Johnstone - Impro For Storytellers pág. 9

> Digamos que a cena acabou e os Juízes estão lentos em dar sua pontuação. O que o Apresentador faz? "Diz a eles que se apressem?" Isso é meio status alto. Ele deve dizer: 'E as pontuações dos Juízes são...' Se nada acontecer, dê dicas. Ele fala em voz baixa: 'Os Juízes não estão com pressa para tomar a decisão', ou: 'O público está ficando inquieto.' Nunca pareça mandão ou agressivo.

COMPETIÇÃO

Keith Johnstone - Impro For Storytellers pág. 23

> Algumas pessoas (muitas vezes fervorosos fãs de esportes) condenam o Theatresports ™ alegando que é competitivo, mas enquanto o teatro 'de verdade' incentiva a competição - e eu poderia contar histórias que você dificilmente acreditaria - o Theatresports ™ pode levar iniciantes auto-obcecados a jogar com generosidade e errar com espirito esportivo.

Pode ser difícil para os jogadores praticamente ignorarem os pontos no placar, mas é imperativo brincar de competir com a plateia e saber que vocês e o time oposto estão trabalhando juntos para fazer uma boa peça para o seu público.

Keith Johnstone

> As equipes do Loose Moose começaram a tentar vencer a todo custo, e até estragar o trabalho da outra equipe. Isto é "esporte" no modelo, digamos, do futebol americano.
> Theatresports ™ tornou-se mesquinho e agressivo - e o público encolheu. Eu consertei isso tendo equipes diferentes a cada semana. As equipes ainda queriam vencer, mas os jogadores pararam de prestar atenção no placar e começaram a se divertir (em vez de jogar pela honra de seu time). E daí, o público voltou novamente.

TIMES

Desafie um ao outro e tente ganhar por diversão, como você jogaria um jogo de tabuleiros com amigos; e simplesmente não leve a competição tão a sério. É justamente criar um clima legal para os colegas e para a plateia, e não pensar somente em vencer. Isso é que é importante.

Patti Stiles - Impro Melbourne, Austrália

Há uma diferença entre a Impro e outras formas de espetáculo. Uma das principais ideias do Theatresports ™ é que o seus companheiros estão sempre presentes para apoiá-lo (no palco e nos bastidores). Cuidem-se. Ajude seus companheiros a se saírem bem. Se você está menos preocupado consigo mesmo, sente menos medo e todo mundo quer trabalhar com você.

Keith Johnstone

Eu assisti a uma partida em que até mesmo a equipe dos "bastidores" estava constantemente no palco ("ajudando o outro time"), e me disseram que "ter todo mundo no palco é 'democrático' ". Não é assim no Loose Moose, onde um improvisador experiente às vezes joga contra um time de quatro pessoas.

"O seu público não adoraria ver um artista sozinho no palco e ter que sobreviver?"

"Isso seria "pavonear", disseram eles. ("Pavonear" significa se exibir.)

"Mas é emocionante ver um ser humano que está no centro das atenções e que não tem medo. Violinistas fazendo um solo, mágicos ou malabaristas não estão pavoneando!"

Jogadores arrogantes sentem que falharam se estão jogando um papel submisso ou se estão esperando no banco. Eles pulam no palco para compartilhar a glória, sejam eles necessários ou não, e ainda assim o drama do mundo é baseado em cenas entre duas pessoas. É muito difícil encontrar uma boa cena de atuação em três pessoas porque o terceiro personagem geralmente funciona como uma espécie de espectador - e por que na improvisação deveria ser diferente?

Cenas que envolvem todos os jogadores devem ser a exceção, não a regra.

ENTRADAS DOS TIMES

Keith Johnstone - Impro For Storytellers pág. 7/8

Loose Moose Theatre Calgary, Canadá
por Kate Ware

Estou ensinando o Theatresports ™ em sala de aula, e os Fat Cats e os Aardvarks estão sendo apresentados por um Apresentador, cruzando o palco para os bancos de suas equipes.

Eu interrompo: "Não se dispersem como indivíduos separados. Estejam atentos uns aos outros. Sejam visivelmente um grupo. Não fiquem isolados."

Eles tentam novamente.

"Melhor!' Eu digo. "Mas vocês parecem nervosos."

Outra tentativa.

"Agora vocês parecem arrogantes. Nós gostamos mais de vocês da primeira vez!"

"Então, o que devemos fazer?"

"Imaginem que os espectadores são ainda mais legais do que vocês esperavam."

"Experimentem sentir um pouco de prazer cada vez que você olha para frente. Não 'demonstre' isso, apenas 'experimente' isso e confie que seus sentimentos positivos serão transmitidos de forma subliminar."

Eu poderia pedir-lhes para imaginar que eles foram mantidos em uma caixa cheia de raspas de madeira durante toda a semana, e que esta é a sua única chance de estar completamente vivo.

Ou poderia fazer com que eles entrem com os olhos mais fechadinhos do que o habitual - isso quase certamente fará com que se sintam hostis - e depois tentarei o efeito de "rebote".

"Entrem novamente, mas desta vez com seus olhos completamente abertos!"

Alunos de olhos arregalados vêem tudo sob uma luz positiva e uma energia enorme é liberada. Eles parecem ter menos medo do "espaço" em torno deles e provavelmente pararão de "se julgarem ". Remova as defesas na vida e você aumenta a ansiedade: remova-as do palco e a ansiedade diminui..

SENTANDO OS TIMES

Os jogadores devem sentar-se confortavelmente em bancos ao lado do palco para não chamar atenção durante a apresentação, mas ainda sim devem estar perto o suficiente para entrar no palco rapidamente e ajudar os outros atores.

Keith Johnstone - Impro For Storytellers pág. 3

As equipes no Loose Moose conseguem ficar à meia-luz no fosso ao redor do palco. Porém, muitos grupos destacam suas equipes chamando atenção para elas o tempo todo e, às vezes, sentando-as na parte de trás do palco, viradas para a frente. Os atores são forçados a sustentar expressões fixas de alegria (isso é típico de 'Game-Show Theatresports ™', no qual o mestre de cerimônias é a estrela e os jogadores têm tanta importância quanto os voluntários em programas de prêmios na TV) .

SAINDO DO PALCO

Loose Moose Theatre
Calgary, Canadá
por Breanna Kennedy

Keith Johnstone

Quando os atores terminam a cena, eles devem ir ao seu banco. (Alguns artistas querem agradecer ao público, mas isso se torna ineficiente porque o público já deve ter aplaudido o trabalho quando as luzes se apagaram dando fim à cena.)

* THEATRE-SPORTS™ EM MAIS DETALHES

JUÍZES

Teatro a Molla - Bologna, Itália por Gianluca Zaniboni

Os Juízes não fazem parte do entretenimento, ao contrário, eles são um elemento vital da estrutura do show com o papel de proteger e apoiar os jogadores e melhorar a qualidade do jogo. Eles não são apenas árbitros. Ter os Juízes cuidando dos jogadores permite que eles corram riscos maiores. Você sabe que os Juízes vão tirar você do palco se você estiver entediando o público, eles irão puní-lo se ofender público, eles irão mantê-lo no caminho certo se você se desviar e vão te chamar atenção se necessário, levando a culpa por isso; protegendo-o e permitindo que o público veja o jogador como o heroi.

Keith Johnstone

Os Juízes são os pais firmes e os jogadores são as "crianças desobedientes, mas de boa índole".

Os Juízes conseguem fazer tudo isso da seguinte maneira:
· Sendo a figura autoridade a qual jogadores e público podem reagir.
· Aplicando eficiência e clareza.
· Tomando decisões quando necessárias.
· Lembrando aos jogadores de lançar e aceitar desafios de maneira eficiente.
· Encorajando os jogadores a começarem cenas se estiverem enrolando ("a cena começará em 5-4-3-2-1")
· Pedindo aos jogadores para falarem mais alto.
· Tirando propostas medíocres do palco antes que entediem o público.
  · Usando a Buzina.
  · Abaixando as luzes com gestos para o técnico.
  · Instruindo algo como: "encontre um final" ou "30 segundos para terminar a cena".
· Ficando de olho no conteúdo e variedade do espetáculo.
  · Advertindo os jogadores sobre os comportamentos que precisam ser corrigidos (muito palavrões, falta de variedade no trabalho de cena, não iniciar cenas de forma eficiente, etc.).

· Aplicando o castigo do "Cesto".
· Rejeitando desafios, assim como as equipes podem fazê-lo - a critério dos juízes -, para beneficiar o espetáculo. Exemplos - Rejeição com base em ser repetitivo demais "Já vimos esse desafio", ou muito perigoso "Devido a regulamentações de incêndio, nenhuma chama viva é permitida no palco".

No final da cena, todos os Juízes pontuam entre UM (nota mais baixa) e CINCO (nota mais alta).
Embora todos os Juízes sejam iguais, há um "Juiz Chefe" cujo título aumenta a ilusão de autoridade. Ele pode arbitrar o Cara e Coroa e também tomar decisões finais.

⊃ **DICA** - Os Juízes não devem usar roupas engraçadas. Isso diminui seu papel de autoridade aos olhos do público. É muito mais divertido vaiar figuras de autoridade.

Keith Johnstone

Não dê responsabilidades diferentes aos juízes. Por exemplo, um Juiz Narrativo, um Juiz Técnico e um Juiz de Entretenimento. Nós tentamos isso e nunca funcionou como pretendido. Foi ignorado ou causou confusão. Por favor, não façam isso.

ENTRADAS DOS JUÍZES

Os Juízes não devem ter entradas elaboradas ou interromper a eficiência do espetáculo. Os Juízes devem entrar juntos e, enquanto eles o fazem, o Apresentador convida o público a vaiá-los. Isso cria um ambiente em que o público se sinta livre para reagir de forma divertida às figuras de autoridade da peça. Os Juízes não devem se magoar com as vaias.

Keith Johnstone - Impro For Storytellers pág. 8

> Peço ao Apresentador para dizer: "Por favor, a nossa tradicional vaia para os Juízes!" Dois juízes atravessam o palco para o seu "banco", enquanto um terceiro vai para o centro do palco para supervisionar o Cara e Coroa.
> "Vocês devem estar todos juntos", digo eu.
> "Isso economiza tempo"
> "Mas não vemos os Juízes como 'um organismo'." Atravessem o palco como se fossem uma unidade e ocupem seus lugares enquanto o público assobia e vaia. Daí, o Apresentador pode parar as vaias dizendo: "Juiz Chefe ao centro para o Cara e Coroa, por favor!" (Este 'Juiz Chefe' é uma ficção - um Juiz não deve mandar nos outros dois.)

Os artistas que atuam como juízes, não devem se preocupar se o público "gosta" deles. Ser Juiz é uma habilidade que precisa ser aprendida. Os jogadores precisam dar a seus companheiros permissão para errar e confiar que os Juízes agirão de acordo.

Em uma boa apresentação, o público reage aos Juízes quando a Buzina é tocada. É preferível ter os Juízes vaiados do que os jogadores ou o espetáculo. Um pouco de emoção projetada aos Juízes também é preferível do que um público em silêncio porque ninguém assume a responsabilidade pelo trabalho que acontece no palco.

⮕ **DICA** - Jogue jogos como o King Game no ensaio para praticar como Juíz.
(Veja IMPRO FOR STORYTELLERS pág. 237)

JUÍZES DO INFERNO

Juízes podem ser treinados usando os "Juízes do Inferno". Esta é uma maneira ímpar de fazer com que os artistas se conectem honestamente às necessidades do público. O Juiz (ou Juízes) do Inferno fica fora do olhar do público - geralmente atrás deles no teatro. Seu trabalho é assistir à plateia para ver se ela está envolvida no espetáculo ou não. Muitas vezes, os artistas no palco e os Juízes sentados lá na frente podem ser facilmente influenciados por uma barulhenta primeira fila. Isso pode enganar a perspectiva dos Juízes sobre o público. Quando os Juízes do Inferno vêem que o público está perdendo o interesse enquanto grupo, eles apertam um botão que acende uma luz na frente dos Juízes comuns.

Este sinal é uma pequena luz vermelha fora da vista do público, que só os Juízes conseguem ver. Quando a luz acende, é uma FORTE indicação de que os Juízes devem tocar a Buzina contra Tédio.

A luz dos Juízes do Inferno pode ajudar a treinar os Juízes sobre quando seus impulsos estão alinhados com a plateia ou não e dá permissão para usar a Buzina, caso eles não tenham certeza.

Keith Johnstone - Impro For Storytellers pág. 67

> Errar faz parte de qualquer jogo e, se isso não for entendido, o Theatresports ™ será uma atividade de alto estresse.

A BUZINA

A Buzina, conhecida por muitos como a "Buzina contra Tédio", é um dos elementos mais originais e importantes do Theatresports ™ de Keith Johnstone. "A Buzina da Salvação" é uma ferramenta útil para aqueles em apuros. Imagine estar no palco com seu coração batendo forte, o trabalho em cena está indo mal e seus colegas de equipe fora do palco estão cobrindo os olhos, incapazes de ver que o navio está afundando. Se jogarmos com as velhas regras do teatro, a cena se arrastará e acabará. O público aplaudirá educadamente e você sairá do palco sabendo que o trabalho foi ruim, na melhor das hipóteses.
Mas ... isso é Theatresports ™, não é teatro tradicional. A Buzina é tocada quando os Juízes consideram uma cena chata ou arrastada e/ou quando os jogadores parecem estressados ou descontentes.
Quando a Buzina é tocada, os jogadores saem do palco sem danos ao ego, já que os JUÍZES assumem a culpa por serem "maus". Daí, tentamos novamente.

Keith Johnstone - Impro For Storytellers pág. 4

As cenas podem se arrastar, assim como no teatro convencional, mas qualquer coisa entediante será interrompida por uma "Buzinada contra Tédio" (uma buzinada da salvação), e se os juízes buzinarem em uma cena que todo mundo está curtindo, **haverá uma grande indignação**.

Teatro a Molla - Bologna, Itália
por Manuel Nibale

A Buzina protege os jogadores, permitindo-lhes assumir riscos e tentar novas ideias, sabendo que, se não funcionar, os Juízes vão ajudá-los a sair do palco. Ela protege o público de assistir cenas chatas e sem inspiração. Se os Juízes buzinam uma cena que o público estava gostando, eles podem gritar, o que traz grande energia para a sala e a torna mais parecida com um evento esportivo, assim como quando o árbitro penaliza injustamente o seu amado time.

No passado, improvisadores já gritaram para alguns Juízes hesitantes tocarem a Buzina. Eles entendem que não é só para ajudá-los, mas para o público também. Quando todos sabem que o trabalho está dando errado, é melhor ser honesto e apontar isso. Se pudermos fazer isso de maneira bem-humorada, estamos nos conectando com a ideia central do Theatresports ™.
O público está vendo uma criatura especial que consegue sorrir e brincar mesmo diante do fracasso. Eles não são capazes disso, mas o venerável Theatresports ™ é. E ao fazer essa coisa incrível, o público será entretido MESMO durante o fracasso. Eles podem aproveitar o sucesso e o fracasso do jogador porque receberam permissão para isso, por meio de um comportamento bem-humorado.

Keith Johnstone - Impro For Storytellers pág. 16/17/18

Se uma equipe recebe uma "Buzinada contra Tédio", eles têm que terminar a cena e sair do palco (não é só um "aviso", é realmente para sair de uma vez. Mas soa menos ofensivo do que um grito de "que téééédio!").
As "Buzinadas" são dadas através de uma Buzina da Salvação que cada Juiz usa em volta do pescoço. Antes de eu comprar essas buzinas, as "mensagens" eram dadas por um cartão com o número zero, mas parece que menos "professoral" ser "buzinado", ao invés de "levar zero". (Os Juízes também podem terminar uma cena fazendo sinal com os braços para abaixar as luzes, assim como os operadores de iluminação ou membros da equipe, se eles virem um momento adequado.)

Mesmo jogadores experientes vão se arrastar, esperando por uma inspiração que nunca chegará. Nossos jogadores às vezes vão entrar no camarim depois de um espetáculo ruim dizendo: "Onde estavam as buzinadas quando precisávamos delas?" (Como se fosse proibido eles mesmos terminarem as cenas chatas), mas há uma minoria de jogadores que gostam de ser o centro das atenções. Eles não se importam se são entediantes. Eu ouvi uma pessoa dizer: "Eu sou um artista - por quê eu deveria me importar com o que o público pensa?" (Me faz pensar sobre a vida sexual dele).

Tais jogadores vão reclamar que a buzinada está sendo dada (ou que as luzes estão se apagando), antes que as pessoas tenham perdido o interesse, mas não seria este o melhor momento? A plateia vai uivar de raiva se uma cena for buzinada injustificadamente, e isso une os atores contra os Juízes (bom!). E ainda assim os jogadores egoístas se ressentirão da "injustiça".
"Nenhum Juiz consegue estar certo o tempo todo", eu digo. "E o Theatresports ™ não é uma escola em que o prestígio de todos depende de uma pontuação correta. Afinal, você não está sendo enviado para o Pólo Norte durante uma nevasca.
"Mas você não percebe que efeito deprimente a buzinada tem sobre o público?"
"É o que acontece se os jogadores se esconderem como cachorros com o rabo entre as pernas. Mas é animador ver os improvisadores que são jogados para fora do palco e mantém o bom humor."
"Se você quer ser dignificado, por quê improvisar?" Feitos de maneira inadequada, as buzinadas podem ser brutais, mas usadas apropriadamente criam benevolência. Os espectadores adoram improvisadores que são jogados para fora do palco e ainda assim ficam felizes.

Aceitando a Buzinada
Sempre há pelo menos um grupo que suaviza a buzina dizendo que significa apenas "que os jogadores não conseguiram ver um possível final". Isso vai contra a natureza do esporte. Os espectadores querem ver pugilistas sendo derrubados, lanchas rápidas saltitando e improvisadores sendo informados inequivocamente que sua cena falhou. Se é entediante, é entediante e muitas cenas o são depois de vinte segundos (já irremediavelmente bobos).

Em vez de aprender a serem rejeitados com bom humor - o que pode levar cinco minutos - muitos grupos removem a buzina.

Outra solução insatisfatória é impor limites de tempo em todas as cenas, às vezes durando apenas um ou dois minutos ("insatisfatório" porque os jogadores devem aprender a terminar as cenas sozinhos). Já ouvi falar de alguns Theatresports ™ sendo anunciados como "sem cena com mais de noventa segundos", o que pode fazer algum sentido se o evento inteiro durasse apenas quinze minutos. Mas por quê matar cenas que têm muito poder e energia? Talvez Juízes que hesitam muito tenham permitido que cenas chatas se arrastassem sem sentido, e a regra dos noventa segundos fora um ato de desespero.
No início, protegíamos os sentimentos dos jogadores permitindo que uma equipe mantivesse a posse do palco até o terceiro aviso, e todos os avisos (buzinas) tinham que ser unânimes. Daí, nós expulsávamos as equipes após o segundo aviso. Finalmente, depois de muito questionamento, decidimos que a justiça era menos importante do que tirar cenas mortas do palco, e dissemos que qualquer Juiz poderia terminar qualquer cena a qualquer momento (sem consulta). Mas, mesmo assim, cenas sofridas às vezes eram permitidas, enquanto os Juízes entediados brincavam com suas Buzinas da Salvação, mas ficavam relutantes em "fazer o ato".

Hoje em dia, os chamados Juízes do Inferno (Juízes que estão sentados na parte de trás da plateia, veja pág. 324) podem apertar um botão quando estão entediados. Isso pisca uma "luz do inferno" vermelha nos pés dos Juízes e na cabine de iluminação. Os Juízes oficiais podem até ignorar isso, mas é provável que isso os tire de sua apatia.
Eu poderia ter inventado maneiras mais discretas de tirar improvisadores do palco - como nos "clubes de comédia", onde o comediante tem que sair quando uma imagem se ilumina atrás do bar - mas eu queria que os avisos fossem descardados porque estava cansado do público que "aprecia" teatro e diz "eu gostei bastante", como se estivesse discutindo se um ovo está podre ou não.

THEATRE-SPORTS™ EM MAIS DETALHES

Este conceito é realmente bastante avançado. Os professores que tiveram treinamento ruim não entendem do assunto. Eles aprenderam a evitar o fracasso ao invés de incorporá-lo e lidar com ele de maneira saudável. Talvez, não surpreendentemente, os jovens têm mais facilidade do que muitos adultos em lidar com a Buzina, a Cesto e o fracasso em geral.

Keith Johnstone - Impro For Storytellers pág. 11

Se uma equipe for "buzinada" pra fora do palco, certifique-se de que ela permaneça bem-humorada. Atores profissionais são muito propensos a expressar raiva ou ressentimento, mas ninguém admira isso, ou quer convidá-los para casa depois do jogo.

Um exercício para ensinar o fracasso feliz com a Buzina

» Quando ensino as pessoas sobre a Buzina, uso este pequeno exercício que criei. Eu peço a três pessoas para serem Juízes e peço a todos para irem para um lado do palco. Eu digo a eles: "Em pares, vocês vão sair e fazer uma cena. Em algum momento aleatório, a buzina vai tocar. Vamos praticar o recebimento da Buzina com uma resposta bem-humorada e lúdica. Fique feliz depois de ouví-la. Se você parecer aborrecido ou irritado, você terá outra chance ou tantas quantas forem necessárias, porque às vezes não percebemos nossas próprias expressões e como o público as percebe. "Então eu vou sentar atrás dos três Juízes e posso cutucar um, ou os três, para buzinar a cena, ajudando a encorajar a aleatoriedade da resposta. Dois jogadores chegam ao palco. Em algum momento nós a tocamos e se eles parecem felizes eu digo "obrigado, próximo!". Mais dois jogadores entram no palco. Se eles não parecerem felizes, direi que "você parecia um pouco chateado, assustado ou aborrecido. Tente de novo! " Daí, eles fazem outra cena.

Eu tento tocar as buzinas de forma aleatória e brincalhona. Eu procuro momentos em que eles acham que isso não vai acontecer porque é quando podemos ter uma expressão verdadeiramente honesta do jogador. Eu deixo algumas cenas acontecerem por muito tempo, buzino algumas pessoas que acabaram de pisar no palco, depois de sua primeira fala, ou deixo arrastar a cena até que eles desejassem que houvesse uma buzinada. Se os três Juízes estão fazendo um bom trabalho, eu não interrompo. Eu estou lá para tirar a pressão e apoiá-los.

Muitas vezes as pessoas se tornam muito conscientes da diferença entre uma aceitação lúdica da Buzina e uma recepção negativa. Eles também aprendem que buzinar nem sempre é fácil e passam a compreender os Juízes melhor. Eu então construo isso para depois me afastar da forma aleatória e procurar o momento de buzinar para salvar os jogadores. Ensinar (o jogo) Uma Palavra de Uma Vez com "De Novo!" É uma ótima oportunidade para o exercício acima. « **Patti Stiles**

Impro Melbourne - Austrália por Mark Gambino

Courtyard Playhouse - Dubai, Emirados Árabes Unidos por Tiffany Schultz

Impro Okinawa - Japão por Kudaka Tomoaki

O CESTO

Os Juízes podem penalizar os jogadores, enviando-os brevemente para fora do jogo com um cesto em sua cabeça por 2 minutos (normalmente enviados para as sombras, onde eles podem ser vistos pela plateia, se quiserem, mas não tiram o foco do que acontece no palco). A punição é um jogo de cena; ela aumenta a autoridade falsa e a importância da competição. Ela também dá suporte aos jogadores, permitindo que eles joguem sem censura criativa.
Se disserem ou fizerem algo que possa ser visto como mau gosto, são punidos. Ao aplicar esta penalidade, o público sente que o jogador ofensor foi retratado e qualquer constrangimento potencial foi evitado.

A penalidade do cesto é tipicamente concedida a um jogador que é "rude, bruto ou ofensivo" **fora do contexto da cena**. Os Juízes muitas vezes manipulam essa sugestão para adequar ao momento. Por exemplo, um jogador que tenha se comportado mal em relação ao Juiz receberia o cesto. Em um caso muito raro, um membro do público recebeu um cesto por algo que ele disse. Outro membro da plateia realmente pediu o cesto! Foi com bom humor e acrescentou à experiência da noite.

Com frequência, a plateia é convidada a pedir cestos. Eles gostam disso e inclui seu envolvimento direto. Mas se você incorporar isso a sua performance, deixe claro que um pedido para usar o cesto deve vir DEPOIS da cena ter sido completada.

Alguns grupos convidam seu público a gritar e jogar coisas durante o trabalho de cena. Isso incentiva a bobagem. A chance de que algo valha a pena e possa ser alcançado sob tais circunstâncias é quase zero. Tal distração chama mais atenção para a estrutura do que para o trabalho real da cena. Também pode ser perigoso jogar objetos nos jogadores, pois as luzes que os cegam impedem que eles os vejam.

*Theater Anundpfirsich
Zurich, Suíça por Mike Hamm*

PONTUAÇÃO E CARTÕES DE PONTUAÇÃO

Em partidas pontuadas, cada Juiz senta-se com cinco cartões grandes (aproximadamente na altura do joelho - grandes o suficiente para serem vistos na parte de trás do teatro). Cada cartão tem um número grande. Eles são numerados de UM a CINCO em ambos os lados do cartão.
Imediatamente após a cena, os Juízes levantam seu cartão de pontuação para o público e o Apresentador (e pessoa responsável por anotar o placar). As pontuações são somadas e colocadas no placar.

*Quadrifolli
Milão, Itália
 por Gippo Morales*

O Teatro do Agora
**Dan O'Connor
LA Theatresports™
Los Angeles, EUA**

Keith Johnstone - Impro For Storytellers pág. 10

"Imaginemos que os Aardvarks tenham realizado uma cena sem inspiração. Os Juízes, por favor, pontuem." Cada Juiz segura um cartão (com o número um).
"Mas se a cena só valeu UM ponto, por quê estávamos assistindo? Buzine os jogadores para fora do palco. Não deixe que eles enrolem."

THEATRESPORTS™ EM MAIS DETALHES

Mesmo se a cena for buzinada, ela ainda é pontuada pelos Juízes. Esta é outra chance para o público mostrar sua indignação se não concordar com os Juízes ou gritar com entusiasmo quando a equipe "deles" receber a pontuação que merecem.

No caso de um desafio UM contra UM ou TIME contra TIME, os Juízes levantam um braço e apontam um dedo para o ar. Então, ao mesmo tempo, eles apontam para a equipe que cada um deles acredita ter vencido o desafio. Pontuar um Jogo Dinamarquês precisa do público torcendo pelo time cuja cena ele mais gostou no final de uma rodada. Depois que as duas equipes responderem ao desafio com a sua cena, o Apresentador pedirá ao público que grite o nome da equipe que preferir. A equipe vencedora recebe 5 pontos.

Keith Johnstone - Impro For Storytellers pág. 9

"Peço que imaginem que os Fat Cats tiveram um bom desempenho. Cada Juiz segura um cartão com o número três. "Mas se foi bem - por quê não dois cartões de quatros? Não tenha medo de ser criticado por pontuar alto!"

JUSTIÇA

Em alguns grupos no mundo, os Juízes muitas vezes tentam pontuar cenas de forma que os pontos sejam "equilibrados". A ideia de que as equipes devem ganhar pontos iguais, independentemente do valor de entretenimento do trabalho, vai contra a idéia de honestidade na improvisação.

Quando os Juízes tentam criar um clima dramático alterando o placar artificialmente, o público tem consciência disso e se sente manipulado. Quando a plateia vê uma equipe muito superior empatada com uma equipe que teve problemas a noite toda, eles se sentem enganados. Os improvisadores provavelmente sentirão vergonha depois do empate (ou vitória) contra um time mais forte. Não se trata de fazer com que as coisas sejam "justas e equilibradas". É mais importante treinar jogadores para manter um estado de espírito positivo e lidar com falhas ou perdas (e igualmente com sucesso e vitória).

DESAFIOS

Loose Moose Theatre Calgary, Canadá
📷 *por Breanna Kennedy*

⊃ **DICA** - Eficiência e simplicidade é um tema que Keith encoraja muito. Pratique montar sua cena ou seu jogo usando o mínimo de palavras que for necessário e continue com a apresentação.

Discute-se muito o que seria um bom desafio e quais desafios serão melhores para o espetáculo. Lembre-se que o Theatresports ™ é um espetáculo repleto de variedade. Se cada cena tivesse um tempo especificado e uma qualidade emocional parecida, ele não atrairia uma plateia boa semana após semana. Veja o que Keith sugere:

Keith Johnstone - Impro For Storytellers pág. 13-16

Desafiando: Mantenha um certo tom de formalidade, os desafios devem parecer importantes. (Se os jogadores não levam o jogo a sério, por quê a plateia deveria?). E seja breve. A maioria dos desafios é autoexplicativa. Se você negligenciar algo essencial - por exemplo, que uma "tentativa de agarrar" faz perder um Jogo do Chapéu - o Apresentador ou um Juiz podem esclarecer isso.

Muitas equipes apenas usam jogos (e sempre os mesmos jogos) como desafios. Mas aqueles que são inesperados e inéditos fazem

com que os jogadores fiquem alertas. Desafie o outro time usando novidades como um Soletrando, ou a imitação mais convincente de uma celebridade, ou a melhor cena com uma pessoa da plateia, ou a melhor cena dirigida pela outra equipe. Arrisque-se. Desafios que parecem bobos, incompreensíveis ou repetitivos sempre devem ser rejeitados (a critério dos Juízes).
Uma equipe pode dizer: "Nós nos opomos!" E os Juízes podem perguntar: "Com base em quê?" Daí, eles podem falar: "Negado!" Ou: "Mantido!"

Alguns grupos querem banir os desafios que "nunca funcionam" (uma vez, houve um movimento para vetar o jogo Ele disse / Ela disse, mas se evitássemos todos os jogos que um grupo não gostava, os mais difíceis nunca seriam aprendidos corretamente.) O problema não está nos jogos, mas em Juízes fracos que deixam cenas sem inspiração acontecerem. Se os jogadores são entediantes (que é o caso se eles estiverem estragando um jogo), bote-os para fora.

Bons times fazem brainstorm para encontrar novos desafios; por exemplo: o melhor drama de rádio de um minuto tocado no escuro (isso dá a chance aos casais na plateia de se beijarem), a melhor cena apresentando um objeto escolhido pelo outro time (nas Olimpíadas, Calgary ofereceu um bode. Vivo.), a melhor cena usando um voluntário público (não sugerido para iniciantes porque os voluntários devem ser tratados com amor e generosidade e isso requer habilidade), a melhor representação de um conto folclórico (com um espectador voluntário como o Herói), a melhor cena de amor com um final trágico, a melhor desculpa, a melhor mentira, a melhor exposição de uma injustiça, a melhor vingança, a melhor fuga, a cena mais compassiva, o melhor uso do outro time (por exemplo, como uma bolha em um filme de ficção científica, como móveis, como bolas de boliche), a cena mais séria, positiva, verdadeira, romântica, horrível ou entediante (os dinamarqueses nas Olimpíadas apresentaram uma cena: "O mais inesquecível e entediante casamento '), um relacionamento familiar, uma cena com pathos e assim vai.
Bons times estabelecem metas como incluir voluntários do público em cada cena, ou fazer cada cena em gramelô/blablação. Quando as equipes só desafiam utilizando os Jogos de Teatro (e os mesmos jogos, todas as semanas), isso cria a mesma monotonia que ter sopa para jantar todos os dias.
Os jogos servem para dar contraste e devem ser intercalados entre histórias, ou entre desafios como "a melhor cena religiosa", ou " a cena mais psicótica", ou qualquer outra coisa.

A necessidade de variedade: Desafios maravilhosos às vezes são criados no calor do momento, mas se a inspiração falha, cada desafio provavelmente vai se parecer com o anterior. Uma cena em que alguém pede um emprego é seguida por outra cena em que alguém pede emprego. Alguns grupos tentam resolver isso emitindo desafios vagos; por exemplo: "Nós desafiamos vocês a fazerem uma cena envolvendo habilidades físicas", mas assim o Theatresports ™ se distancia ainda mais do esporte (porque há menos comparação direta entre as equipes).

Uma equipe evitaria tais problemas gritando: "O livro! O livro !", fingindo pânico, e correria para abrir um livro no qual eles haviam escrito possíveis desafios. Se você criar um livro desses, escreva desafios verbais em uma coluna, desafios físicos em outra, desafios individuais em outra e assim por diante.

Duração dos desafios: Alguns grupos esperam que todas as cenas durem seis minutos (ou sei lá!), mas isso diminui a variedade. Outros supõem que uma cena que dure 25 minutos é melhor que uma que dura trinta segundos. Eu já vi partidas em que nenhuma cena agradou os artistas e, no entanto, eles ficavam sofrendo no palco para que elas durassem pelo menos seis minutos. Teria sido melhor dizer: "Está horrível! Vamos começar de novo!"

THEATRE-SPORTS™ EM MAIS DETALHES

Evite as coisas que te travam: não se prenda ao anunciar o que acontecerá, a menos que seja necessário. Por exemplo: se o Apresentador disser: "E agora, para o desafio final...", e caso as cenas que surgirem sejam deprimentes, fica difícil para os Juízes adicionarem um novo desafio depois. Outro exemplo: um diretor montou uma cena dramática e conduziu a cena de forma excessiva dizendo: "Você só pode usar frases com três palavras".

Teria sido melhor adicionar essa instrução mais tarde na cena - se fosse necessário.

Recusas: Um desafio pode ser recusado a critério dos juízes. Tais recusas adicionam variedade e dão aos espectadores algo para discutir no caminho de volta para casa. As recusas típicas podem ser: "Queremos recusar este desafio com base no fato de que todos estão de saco cheio dele!" Ou: "Achamos que o desafio é muito vago." Ou: "Gostaríamos de recusar a menos que eles possam nos explicar o que querem dizer! " Ou: "Acabamos de ter duas cenas em verso. Alguém realmente quer duas cenas de canto agora?"

Se uma recusa for confirmada, um novo desafio deve ser lançado, e se ele também for inaceitável, os proprios Juízes devem lançar um desafio.

Os Juízes também podem recusar desafios. Eles podem dizer: "Nós nos opomos a esse jogo!" (E dar razões); ou eles podem soltar dicas, por exemplo:

"Se vocês quiserem recusar este desafio, teremos o maior prazer em apoiá-los!"

Recusas nunca devem ser aceitas automaticamente; por exemplo: "Nós desafiamos vocês para a melhor cena envolvendo uma barba!" -"Nós recusamos isso!" - "Com base em quê?" - "Com base no fato de que eles têm barba e nós não temos!" - "Rejeitado!"

Correto! Afinal de contas, um time sem barbas poderia improvisar barbas de perucas, ou um cientista poderia inventar um restaurador de cabelo tão poderoso que uma equipe da SWAT teria que abrir caminho até ele.

Quando três membros de uma equipe estavam sentados com suas cabeças em cestas de penalidade (uma ocorrência rara), o quarto jogador recusou um desafio de: "a melhor hierarquia de quatro pessoas". Foi rejeitado, alegando que a platéia ficaria encantada em ver uma pessoa interpretando quatro personagens diferentes (ou trabalhando com três voluntários do público).

Os jogadores que querem cooperar, concordarão em participar de cenas que não lhes interesse (nem nos interessa), mas é melhor recusar do que pactuar em mútua autodestruição.

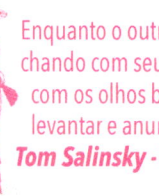

Enquanto o outro time está jogando, não gaste o seu tempo cochichando com seus colegas sobre como vocês vão reagir à cena. Assista com os olhos brilhando e confie que alguém da sua equipe vai se levantar e anunciar ao público a maneira como o farão.
Tom Salinsky - The Spontaneity Shop, Londres, Inglaterra

Keith Johnstone - Impro For Storytellers pág. 8

Os Fat Cats ganham o Cara e Coroa e um deles fala baixinho: "Que tal uma cena de mestre-servo?"

Eu corto: "Você é jovem, você é saudável, não tem dificuldade para andar! Vá até a outra metade do palco e declareseu desafio com uma voz clara. Seja formal; anuncie: "Nós, os Fat Cats, desafiamos vocês, os Aardvarks, para a melhor cena de mestre-servo!"

A voz não é apenas para ser ouvida, mas sim um chicote que educa os espectadores. Seja dinâmico!

Esqueça essa coisa de Hamlet de se sentir enjoado antes do duelo!

PRÊMIOS PARA OS GANHADORES

Ao criar eventos Theatresports ™, tenha muito cuidado ao conceder prêmios aos vencedores. Originalmente, os festivais Theatresports ™ ofereciam troféus feitos de objetos encontrados perto do teatro.

A ideia de Keith era de que os prêmios deveriam ser irrelevantes e não aumentar a vontade de fazer a competição ser de verdade. Ele até disse aos participantes do festival que todos deveriam voltar às suas cidades de origem e dizer que todos haviam ganhado e o teatro anfitrião deveria sempre confirmar as informações quando a imprensa e a mídia ligassem.

O foco do espetáculo deve ser trabalhar em conjunto para inspirar uns aos outros e criar uma noite que o público vai se lembrar. Se você distribuir prêmios, aumentará a competição e o espírito da generosidade e trabalho em equipe será desfeito.

✳ Uma História da Noruega

Noruega, o Festival Nacional de Improvisação que afirmava coroar a melhor equipe jovem de improvisação do país, oferecia bolsas de estudo de mil dólares aos vencedores. Durante anos, o festival era conhecido por ter algumas das improvisações menos inspiradas e pobres de espírito. As equipes levaram a competição a sério e a generosidade era escassa.

Hoje em dia, o festival tem uma nova perspectiva. Eles ainda oferecem uma bolsa de estudos, mas agora o júri considera outros critérios. Hoje eles observam o apoio mútuo durante os jogos, como os grupos trabalham juntos, de onde eles vêm e quem se beneficiaria mais com o dinheiro. Podem até dividir o prêmio entre jogadores ou grupos merecedores.

Helena Abrahamsen, Oslo

CONSELHO DO KEITH

Keith Johnstone - Impro For Storytellers pág. 12

Então meu conselho é:
- Encontre Juízes que vão te botar pra fora quando você estiver entediando o público.
- Jogue uma partida em público antes de saber o que você está fazendo.
- Mantenha as primeiras partidas piedosamente curtas (dez minutos são suficientes e podem parecer horas quando você está sem inspiração).
- "Pise na bola" com bom humor.
- "Cure suas feridas"; pratique as habilidades; se jogue novamente.

Em um contexto escolar, a apresentação em público pode significar jogar na frente de outra classe, ou durante a hora do almoço, ou desafiar outra escola.

Steife Brise - Hamburg, Alemanha
por Klaus Friese

Loose Moose Theatre Calgary, Canadá por Deborah Iozzi

Loose Moose Theatre - Calgary, Canadá por Deborah Iozzi

ATENÇÃO AOS DETALHES

CENOGRAFIA

Não sendo exclusiva do Theatresports ™, a cenografia é a arte de ajudar os jogadores e suas cenas ao melhorar o ambiente com adereços, móveis, panos e outros objetos. Mesmo se não houver cenografia ou contra-regras suficientes, é bom ter alguns adereços, chapéus, roupas, balões longos, etc. disponíveis para os improvisadores.

Alguns exemplos de suporte cenográfico:
· Crie uma sala de estar ou escritório quando a cena exigir (três cadeiras cobertas com um cobertor como um sofá, uma caixa para uma mesa se não houver uma disponível, etc.).
· Introduza características extras que possam embelezar um restaurante ou escavação arqueológica.
· Faça as pessoas voarem simplesmente levantando-as.
· Mude a perspectiva física da cena para melhorar a narrativa, criando uma pequena aldeia com os dedos, no chão, para que os monstros a pisoteiem.

No Loose Moose Theatre, a cenografia ganhou uma maior relevância com os improvisadores Tom Lamb e Shawn Kinley, que adotaram o aspecto técnico de mover os móveis por uma questão de eficiência e a transformaram isso em uma criação de imagens vívidas, com objetos simples encontrados nos bastidores. Shawn mencionou: "Nos sentíamos bem quando víamos os improvisadores se animarem e se inspirarem por causa de algo que oferecíamos".

A cenografia é uma sólida professora de improvisação. O contra-regra está sempre procurando maneiras de ajudar a cena e os jogadores ou melhorar o espetáculo. Estas são habilidades úteis para qualquer improvisador.

Nem todo grupo de teatro tem acesso a uma grande variedade de acessórios, então foram desenvolvidas oficinas para adaptar a cenografia às ferramentas disponíveis. Aqui temos algumas ideias:
Pratique "Cenografia em uma mala". (Uma mala simples ou caixa cheia de objetos dobráveis e adaptáveis pode fazer com que pareça que você tem 10 vezes mais adereços do que você realmente tem. Material sólido colorido se torna uma capa, uma tela, um rio, etc.; guarda-chuvas se tornam árvores, radares... Você não precisa de muito espaço para armazenar adereços bem escolhidos.)
Desenvolva habilidades de mímica e use os seus corpos para se tornarem os objetos e personagens necessários. Pratique adaptando o espaço disponível para outras realidades.

Loose Moose Theatre
Calgary, Canadá
📷 *por Kate Ware*

Jogue Theatresports ™ do jeito que Keith planejou.
Dennis Cahill - Loose Moose Theatre Calgary, Canadá

Keith Johnstone - Impro For Storytellers pág. 5

Sempre que possível, eu ponho os jogadores perto de mesas cobertas com um monte de tralha - um carrinho de golfe, camas e roupas de cama, cadeiras de rodas, um barco que eles possam "remar" no palco e etc.
Em turnê, o Theatre Machine costumava ocupar as salas de adereços e objetos - pegando emprestado, por exemplo, a enorme gaiola de João e Maria da Ópera de Viena (e depois não a usando).
Cenografia é feita por contra-regras que se escondem nos bastidores prontos para rolar como se fossem bolas de feno através do palco para uma cena de Bang Bang, ou para forrar cadeiras com papel alumínio para uma cena no céu. Eles vão dobrar o carpete para revelar o contorno de um corpo (para mostrar uma cena de crime), ou colocar uma escada pintada de preto no chão do palco para indicar uma 'linha de trem', ou ainda ficarão em lados opostos de o palco segurando cestos para fazer uma quadra de basquete. Os voluntários da plateia são por vezes recrutados: uma vez vi cinquenta pessoas correndo para o palco, deitaram-se e fizeram ruídos de sucção, enquanto os improvisadores fingiam ser caçadores de patos atravessando um pântano.

APONTAMENTOS

Depois de uma apresentação, Keith costuma comentar sobre o espetáculo. Apontamentos são uma fonte importante de informações para os jogadores sobre o espetáculo e sobre seu desempenho individual.

Os apontamentos são sobre as cenas e a apresentação em geral. Pontos de atenção seriam:
· Os jogadores foram ouvidos pela plateia?
· Havia variedade no espetáculo ou houve três cenas seguidas sobre levar alguém para um jantar romântico?
· Os jogadores estavam sob o foco da luz?
· A cena cumpriu as promessas feitas durante a plataforma, ou ela parou?
· Os Juízes arriscaram-se o suficiente com as Buzinas?
· Os jogadores trataram bem os voluntários da plateia? E por aí vai.

Tentem isto:
· Depois do show sentem-se juntos.
· Revisem a lista das cenas e dos elementos técnicos.
· Compartilhem um rápido comentário sobre as cenas, mas não discutam.
· Apontem um diretor que possa falar sobre o sucesso ou o fracasso de alguém no palco, mas com o objetivo de educar esse artista e seus colegas. Exemplo: Se alguém estiver aparecendo demais ou controlando cenas, isso deve fazer parte das observações do espetáculo. Caso contrário, a discussão se torna apenas uma revisão do jogo da noite, sem resolver nada. Isso acontece em muitos grupos do Theatresports ™ e acaba por impedir seu desenvolvimento.

Entendam que vocês vão ouvir o ponto de vista de uma pessoa sobre o espetáculo da noite. Isso não significa que os apontamentos oferecidos são certos ou errados, são apenas uma opinião. Os apontamentos são dados de forma simples, eficiente e sem discussão. Eles devem se concentrar no que aconteceu, não no que um jogador "deseja" que tivesse acontecido. Os comentários devem ser conduzidos de forma a fornecer informações e perspectivas, não para acusar ou culpar, mas para apontar como o trabalho da cena falhou ou foi bem-sucedido.

Um retorno sobre as improvisações que dure 15 minutos é tudo o que vocês precisam em um espetáculo de duas horas.

Peçam a alguém para "liderar" este momento. Prossigam quando necessário.

Discutam os apontamentos em qualquer lugar a qualquer momento - mas não durante a hora dos apontamentos. Demora demais e pode gerar ressentimentos.

Recebendo apontamentos

Algumas pessoas reagem como se seus egos tivessem sido esmagados, mas rapidamente entendem que os apontamentos são destinados a melhorar os espetáculos e o seu próprio desenvolvimento.

LEMBRE-SE que os apontamentos são destinados a melhorar o trabalho futuro. Eles são sobre o trabalho e não sobre a pessoa.

Esboço por Keith Johnstone

Det Andre Teatret - Oslo, Noruega 📷 *por Nils Peter Mørland*

Stage Heroes - Cingapura
📷 *por Hyperfrontal Productions*

Teatro A Molla - Bologna, Itália 📷 *por Gianluca Zaniboni*

✻ ATENÇÃO AOS DETALHES

LISTA DE JOGOS

Unexpected Productions, Seattle, EUA

Ao ensinar o formato, alguns professores podem ser tentados a ensinar aos alunos que os JOGOS são Theatresports™. Isso está longe de ser verdade. Os jogos são usados para corrigir mau comportamento, nocivo ao sucesso dos atores e seu trabalho de cena.

Os jogos podem ser divertidos e também beneficiar o crescimento do jogador. Quando a lição causa impacto, é mais fácil para os jogadores removerem a segurança estrutural e arriscarem-se mais.

Existem muitos jogos diferentes, alguns muito mais úteis que outros. Jogos úteis treinam improvisadores em direção a um comportamento solidário e benevolente, e para aceitarem riscos e fracassos. Jogos úteis também treinam habilidades de contação de histórias. Os menos úteis são os jogos que treinam improvisadores para terem maus hábitos, como a desconexão mútua e as histórias nocivas. Cuidado com jogos que são apenas acrobacias verbais ou intelectuais, ou que incentivam a competição e os sentimentos ruins. O público pode estar rindo, mas pergunte a si mesmo "por quê?". Verifique se todos os jogadores estão curtindo a experiência.

Muitos grupos complicam os seus jogos pois eles se tornam bons nas regras. Às vezes, um jogo simples e elegante que ajuda os improvisadores a trabalharem melhor, torna-se uma complicada série de tarefas para os poodles dançarinos realizarem enquanto saltam pelos aros.
Shawn Kinley - *Loose Moose Theatre*, Calgary, Canadá

O livro IMPRO FOR STORYTELLERS contém jogos e exercícios úteis no desenvolvimento de habilidades de improvisação, narração de histórias e da ideia por trás do Theatresports™.

Recomendamos que você pegue o livro de Keith e use os seguintes exercícios:

· Dando presentes *pág. 58 treinamento*
· Uma palavra por vez *pág. 131 treinamento e espetáculo*
· E agora? *pág. 134 treinamento e espetáculo*
· Frases com três palavras *pág. 155 treinamento e espetáculo*
· Frases com uma palavra *pág. 155 treinamento e espetáculo*
· O Jogo do Chapéu *pág. 156 treinamento e espetáculo*
· Caretas *pág. 162 treinamento e espetáculo*
· Dublagem *pág. 171 treinamento e espetáculo*
· Morte Cênica *pág. 183 treinamento e espetáculo*
· Atribuições *pág. 185 treinamento e espetáculo*
· Congela! *pág. 186 treinamento e espetáculo*
· Adivinhe a frase *pág. 187 treinamento e espetáculo*
· O jogo de "não usar o S" *pág. 188 treinamento e espetáculo*
· Uma cena sem ... *pág. 189 treinamento e espetáculo*
· Cenas paralelas *pág. 189 treinamento e espetáculo*
· "Sim-mas" *pág. 190 treinamento*
· Justifique o gesto *pág. 193 treinamento*
· Ele disse / ela disse *pág. 195 treinamento e espetáculo*
· Corpos em movimento *pág. 200 treinamento e espetáculo*
· Os Braços *pág. 202 treinamento e espetáculo*
· Paisagem sonora *pág. 208 treinamento e espetáculo*
· Entediando o Público *pág. 211 treinamento e espetáculo*
· Drama de Papel de Parede *pág. 212 treinamento e espetáculo*
· Blablação *pág. 214 treinamento e espetáculo*
· Status *pág. 219 treinamento e espetáculo*
· Doações de partido *pág. 233 treinamento e espetáculo*
· O Jogo do Rei *pág. 237 treinamento e espetáculo*
· Mestre-Servo *pág. 240 treinamento e espetáculo*
· Comentário em câmera lenta *pág. 241 treinamento e espetáculo*

Courtyard Playhouse - Dubai, Emirados Árabes Unidos 📷 por Tiffany Schultz

PARA TERMINAR

PALAVRAS FINAIS

O Theatresports ™ nasceu do desejo de ter plateias totalmente envolvidas por um evento teatral público. Essa visão, no entanto, nunca foi o objetivo principal. À medida que o conceito cresceu e se desenvolveu, ficou claro que, para ter algum valor duradouro, nossas vidas e as experiências do próprio público precisariam ser refletidas nas cenas. As cenas precisam ser o cerne de um espetáculo do Theatresports ™.

Quando jogado corretamente, é evidente que o conteúdo é mais importante que o embrulho. Exatamente porque o Theatresports ™ é um grande ritual participativo, devemos nos esforçar para dar mais atenção às histórias contadas no meio da farra. A alegre bobagem em torcer por equipes de faz-de-conta em um evento encenado pode ser lindamente compensada por cenas com comoção e honestidade.

Se o clima foi barulhento, os momentos tranquilos acabam por ter mais significado. Quando você os faz rir, então há uma chance de os emocionar, fazê-los derramar lágrimas ou simplesmente, fazê-los ouvir.

Harlekin Theatre - Tübingen, Alemanha
por Hartmut Wimmer

Uma História do Japão

 Participantes de vários grupos de todo o país estavam fazendo uma oficina do Theatresports ™ em um final de semana e, em seguida, haveria uma apresentação para o público.

A última cena da noite era um jogo de desempate de equipes. Enquanto em muitos países uma possível escolha de jogo seria uma cena de rima, por conta da gramática, esse conceito não se aplica em japonês. Em vez disso, eles jogaram "Melhor cena falando em Haiku". O resultado foi tão pungente e agradável que o público podia ser ouvido suspirando e ofegante, enquanto os jogadores estavam visivelmente tocados e mesmo aqueles que não entendiam o idioma sentiam como se tivessem testemunhado algo simples, porém esplêndido.

Steve Jarand

Bem-vindo à comunidade ITI e boa sorte em suas aventuras com o Theatresports ™!

PARA MAIS INFORMAÇÕES

Impro (Methuen) - Keith Johnstone
Descreve a gênese e o desenvolvimento contínuo do teatro de improvisação.

Impro For Storytellers (Faber and Faber) Keith Johnstone
Descreve o formato Theatresports ™, sua história e pontos essenciais sobre como jogar. Outros formatos de Keith Johnstone, bem como muitas cenas / jogos / exercícios também são explicados.

Boletins ITI
Esta é uma publicação online mensal para compartilhar artigos, recursos e histórias.
Inscreva-se em: theatresports.org/iti-newsletter

Theatresports.com
Na guia "Recursos" - Newsletters Keith Johnstone (protegidos por senha), existem vários materiais dedicados inteiramente ao Theatresports ™.
Lá você também encontra: lista de professores recomendados, vídeos, livros, artigos, guias de formatos e traduções.

Manual do Theatresports ™ APP
Disponível no iTunes

Perguntas:
admin@theatresports.org
Ou melhor ainda, entre em contato com seu representante regional.
theatresports.org/board-members-contact-us

www.ingramcontent.com/pod-product-compliance
Lightning Source LLC
Chambersburg PA
CBHW061155010526
44118CB00027B/2979